泸州全书·江河航运

走进赤水河

龙启权 编

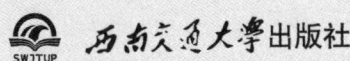

图书在版编目（CIP）数据

走进赤水河 / 龙启权编. —成都：西南交通大学出版社，2018.12

（泸州全书）

ISBN 978-7-5643-6626-1

Ⅰ. ①走… Ⅱ. ①龙… Ⅲ. ①河流 – 介绍 – 赤水 Ⅳ. ①K928.42

中国版本图书馆 CIP 数据核字（2018）第 283333 号

泸州全书

ZOUJIN CHISHUIHE

走进赤水河

龙启权　编

责任编辑　张慧敏
封面设计　王　剑

印张　12.75　　字数　269千	出版发行　西南交通大学出版社
成品尺寸　185 mm × 260 mm	网址　http://www.xnjdcbs.com
版次　2018年12月第1版	地址　四川省成都市二环路北一段111号西南交通大学创新大厦21楼
印次　2018年12月第1次	邮政编码　610031
印刷　泸州华美印务有限公司	发行部电话　028-87600564　028-87600533　　　　　　　0830-2593311
书号　ISBN 978-7-5643-6626-1	定价　98.00元

版权所有　盗版必究　举报电话：028-87600562

"泸州全书"编委会

主　　任　鞠　丽
副 主 任　马宗慧
委　　员　杨正康　何开四　张立新
　　　　　胡晓玲　唐　一　葛洪亮
　　　　　史乃广　王　毅　黄　华
　　　　　虞　潜　邱　俊　赵晓东

"泸州全书"编辑部

总 主 编　赵晓东
本辑主编　李光华
编　　辑　夏　艳　詹永祥　金　燕
　　　　　夏　海　刘泰承　胡　霞
　　　　　张其富　李林雪　王　剑
　　　　　李玉红

"泸州全书"总序

"泸州全书"书系的编纂，是当代泸州文化和泸州社会生活的盛事。文化是人类物质和精神文明的总和，是我们的生存方式和价值评估系统。概言之，文化是我们的血脉根系，是我们的精神家园，内在和持续地影响着我们的整个生活进程。在当代中国，文化正日益焕发出盎然生机，成为"引领风尚、教育人民、服务社会、推动发展"的强大动力。

泸州是先秦古县，至今已有两千多年的历史，是国务院正式确定并颁布的"中国历史文化名城"。在漫长的历史长河中，泸州人的先辈创造了灿烂的文明。泸州系连"二十四史"，泸州际会历史风云，无论在政治、军事、经济、文化的各个领域，均以其独特个性，在历史的关节点上勇立潮头，彪炳史册。

从自然地理和人文地理的层面审视，泸州坐落在四川盆地南缘，地处盆地河谷平原、丘陵向云贵高原过渡的地带；居民"五方杂处"，中原文化、巴蜀文化和夜郎等少数民族文化在这里交汇，相互渗透交融，所生息繁衍之地是一方文化交流交融的热土——一代又一代的泸州人博采众长，聚集优势，铸就了具有泸州自身特色的人文景观。作为长江上游除去重庆以外最大的港埠，泸州商业贸易与经济、社会发达——一江水运，把她与全国相连；千百年来，进出川南、黔北、滇东北的大宗物资，年年在这里中转集散；早在明代，就已成为"天下三十三商贾辐辏处"之一的全国性商业大城市，在巴蜀与成都、重庆鼎足而三。泸州城三面临水，地形险要，易守难攻，扼控长江，屏障西川，锁钥滇黔，历来是兵家必争的形胜之地，历有"铁打泸州"之誉。在这里，发生过一起又一起关系国家民族生死存亡的重大战事：神臂山"老泸州"南宋军民抵抗元军长达三十四年；蔡松坡讨袁护国；即以近现代而论，从辛亥革命起事的几多壮烈到护国战争的棉花坡决战，从泸顺起义的枪声到红军长征的四渡赤水，从十四年抗战的后防重镇、"十万青年十万兵"到人民解放军秋风扫落叶、席卷大西南……泸州都写下了光辉的篇章，亦可说，在中华民族伟大的历史进程中，历史屡屡"选择"了泸州。近些年来，在市委、市政府的坚强领导下，全市人民同德同心，正为加快建成川渝滇黔结合部"双两百"区域中心城市大踏步前进。泸州发展之快，变化之大，令全川瞩目。建成川渝地区除成渝外的"双两百"城市已经由蓝图而逐步成为事实，奋力争创全省经济副中心城市的行动正在紧锣密鼓地进行。这当中原因很多，但对文化的重视、承继和发扬，无疑是一个重要的内驱力。在这样的前提和时代背景下，"泸州全书"书系创意的诞生，可以说是适逢其时，它对提升泸州的软实力、丰富城市的文明内涵，以泸州文化塑造泸州人的性格、全面提高泸州人的素质，乃至对泸州的进一步发展，为市委、市政府战略决策提供了有力的理论支撑和参考依据，无疑具有巨大而积极的作用。

这项创造性的重大文化工程，得到中共泸州市委、市人民政府的高度重视和切实而强力的支持——调动、整合市内外各方面的学术力量，精心筹备泸州市文化研究中心并于2016年元旦挂牌成立；随即，研究中心结合地方实际，厘定了泸州文化研究选题，包括泸州的历史、地理、政治、军事与经济、民俗文化研究，红色文化研究，江河与航运文化研究，文学艺术文化研究，酒文化研究，移民文化研究，地名文化研究，方言文化研究，老四川文化（泸州方向）研究，等等。这些研究也成为"泸州全书"书系前期书目创设、编纂的基本内容。为此，研究中心成立了相应的课题组，延聘专家领衔负责，在广泛搜集资料的基础上，以严谨科学的态度刊谬钩沉，去伪存真，语无虚发，言必有征；同时强调创新、激活历史文化的活力，力求历史性与现实性的辉映、学术性与应用性的融合，将历史的化石升华为青春勃郁的巨大能量，以期能对推动泸州文化大发展、大繁荣发挥重要作用，为推动泸州经济社会又好又快发展做出积极贡献。

"泸州全书"书系立足泸州，放眼全国，站在全国的高度来看泸州。作为文化的积累和张光含弘的一个开放的系统，它拟基于全国的高度，围绕泸州历史、地理、文化和艺术选题，由古代典籍整理、学术专著与科普作品创作三条主线齐头并进，不断推出新的课题，以丛书的形式，延续其生命力，存实求真，浓墨绚彩地展示泸州辉煌的过去和现在，科学展望泸州更加美好的未来，并在更广阔的视野中，建构泸州文化的时空坐标，以其创造性的研究为巴蜀文化和中华文化添光增彩。

泸州常新，文化常新。泸州人正在以自己卓越的创造力迎来这方热土伟大的文化复兴。

目 录

"泸州全书"总序 .... （Ⅰ）

一　赤水河口巴符关 .... （1）

二　河口寻路 .... （3）

三　走进之溪 .... （6）

四　两河抱一山的实录镇 .... （9）

五　习水河水弯又弯 .... （11）

六　合江宋代八大古镇之一的凤鸣镇 .... （13）

七　先汪先市动古今 .... （16）

八　中国历史文化名镇——尧坝 .... （24）

九　车辋乡情十八年 .... （35）

十　古道悠悠三角沱 .... （39）

十一　法王寺的前世今生 .... （42）

十二　周西成与九支城 .... （46）

十三　五通：石顶火炬燃川黔 .... （50）

十四　千年古城复兴镇 .... （55）

十五　旺隆镇的红色记忆 .... （59）

十六　竹涛林海葫市镇 .... （63）

十七　大同古镇 .... （66）

十八　丙安古镇 .... （70）

十九　水陆要冲元厚镇 .... （72）

二十　土城：地球红飘带上的明珠 .... （76）

二十一　二郎滩郎酒飘香 .... （81）

Ⅰ

二十二	吴公岩：赤水河上的十里长滩	（88）
二十三	走进茅台镇	（94）
二十四	"美女"云集二合镇	（98）
二十五	桃李飘香赤水镇	（101）
二十六	彝乡水潦	（105）
二十七	探寻"鸡鸣三省"	（108）
二十八	红色石厢子	（111）
二十九	赤水河源考察记	（113）
三十	漫步雨河镇	（116）
三十一	镇雄县的"古芒部"	（118）
三十二	让人难忘的镇雄县坡头镇	（121）
三十三	古蔺县椒园乡	（123）
三十四	古彝源地马蹄乡	（125）
三十五	山水交融水口镇	（129）
三十六	榕树成荫的仁怀市沙滩乡	（132）
三十七	酒乡明珠习酒镇	（136）
三十八	川黔要道话普宜	（138）
三十九	毕节大屯乡与土司庄园	（142）
四十	镇雄县大湾镇	（147）
四十一	"小三峡"水田镇	（151）
四十二	多彩的湾子苗寨	（154）
四十三	川盐输黔瓢井镇	（156）
四十四	大方县大山苗族彝族乡	（160）
四十五	大方县三元彝族苗族乡	（162）
四十六	大方县果瓦乡	（165）
四十七	赤水河源头的威信双河苗族 彝族乡	（167）
四十八	夜郎古镇说夜郎	（170）

附录一：中国·泸州：赤水河共识 ………………… 赵晓东　张　铭（174）

附录二：赤水河通航考述 ………………………………………… 龙先绪（177）

后　记 ……………………………………………………………………（194）

一　赤水河口巴符关

"巴符关"是我走进赤水河采访研究的第一站。

巴符关旧址（龙启权摄）

巴符关，就是合江县城的"南关上"。这里，是赤水河与长江交汇的地方，原来有个石阶码头。后来随着城市的发展，码头也就不复存在了。

早在秦代，当时东起鱼复（今重庆市奉节县），西至僰道（今四川宜宾市）的巴国，就在这里建立稽查商旅的关口，称为巴郡符关。目的是盘查货物、行人，抵御顺赤水河而来的异族入侵。

建元六年（前135年），汉武帝派郎中将唐蒙出使夜郎，集结出发地就是这里。

汉武帝为什么要派唐蒙出使夜郎呢？当时，今日广东、福建一带的东越与南越两国相攻，南越求救于汉，汉王朝出兵打败东越，派唐蒙出使南越。南越用一种叫做枸酱的食品招待唐蒙，说是蜀地出产的，唐蒙询问从何处得来，南越说："取道西北牂柯江而来，牂柯江宽度有几里，流过番禺城下。"唐蒙回到长安，询问蜀郡商人，商人说："只有蜀郡出产枸酱，当地人多半拿着它偷偷到夜郎去卖。夜郎紧靠牂柯江，江面宽数百步，可以行船。"唐蒙就上书武帝，说："南越王乘坐黄屋之车，车上插着左纛之旗，他的土地东西一万多里，名义上是外臣，实际上是一国之主。如今从长沙和豫章郡前去，水路多半被阻绝，难以前行。我私下听说夜郎拥有精兵十万，乘船沿牂牁江而下，乘其没注意而加以攻击，这是制服南越的一条奇计。如果真能用汉朝的强大，巴蜀的富饶，打通前往夜郎的道路，在那里设置官吏，是很容易的。"汉武帝同意唐蒙的主张，就任命他为郎中将，率领一千大军，以及负责粮食、辎重的人员一万多人，从巴符关进入夜郎。

唐蒙会见了夜郎侯（时为侯，后降汉封王）多同，给了他很多赏赐，又用汉王朝的武威和恩德开导他，约定给他们设置官吏，让他的儿子当相当于县令的长官。夜郎旁边小方国的人们都贪图汉朝的丝绸布帛，暂且接受了唐蒙的盟约。

唐蒙回到京城向武帝报告，武帝就把夜郎改设为县（其子任县令），并属新设的犍为郡（初治鳖县，今遵义）。后调遣巴、蜀两郡的兵士修筑道路，从僰道（今宜宾市）修到牂柯江，一直沿此入海。

合江是千年古县，千年的历史里，有多少故事被遗弃？有多少事件被深埋？有多少历史被尘封？

2015年7月，泸州酒城新报社组织的古代西南出海丝绸之路考察活动，第一阶段在赤水河流域考察。前右二为本书作者（康丽莎摄）

站在古巴符关，我心情很沉重，也很纠结。在这条寻求历史的路上，我也不知道有多艰辛，更不知道去考究历史的路到底能走多远。但我想，不管是合江还是泸州，都需要有一批人去为文化的承传连线，为历史的遗漏补缺，还历史的本真。

二　河口寻路

巴符关是大秦朝的西南边陲，如今，城墙内外早已车水马龙。据史载：汉武帝拜唐蒙为郎中将，率精兵一千，辎重后勤一万人，从巴符关（今合江）出发，结束了"夜郎自大"的历史，找到了控制南越的捷径。此后，汉朝9万军队开始筑路，经过唐蒙、司马相如先后反复地艰难开辟，夜郎道基本建成。从此，一条长安经古蜀道至成都，再由水路至泸州、合江，或陆路经僰道、南广、平夷通夜郎，达南越出海的线路形成，翻开了中原王朝统治、开发云贵、岭南的历史篇章。

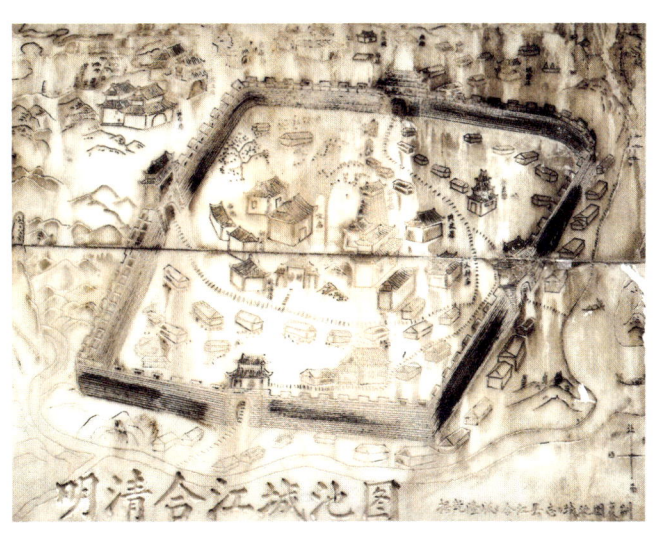

明清合江城池图（龙启权摄）

当年许多文化人都在寻找当时通往夜郎古国的古道，但查遍历史，都没有准确的记载。故而后人众说纷纭。

南关场的赤水河对面就是马街。为什么叫马街？相传在汉唐时期，马街是川黔古道的结点。川盐入黔的马帮在此云集，渐渐形成了集市中的一条街道，人们就称之为马街。在没有修建赤水河大桥以前，马街是通往黔北重要的渡口和驿站。在过去，河上没有桥梁、没有船舶就意味着止步，传说石达开率领太平军的精锐部队曾在马街饮马赤水河，当时也只能望水兴叹，无法进入合江县城。

作者（二）参加西南出海丝绸之路考察赤水河流域之古巴符关地域
前一为领队之一——四川大学教授彭邦本（康丽莎摄）

有人说，历史太无情了，把夜郎文化摔成了碎片，散落深埋于崇山峻岭之间。在马街之后，夜郎古道的线索在今天变得扑朔迷离，古道的走向在川黔两省夜郎文化研究者中有不小争议。

要进入夜郎国，一般人看来借赤水河干流沿江或沿河滩而上进入贵州轻而易举，但如果这样轻松，调动船工即可，何必先有上万后勤部队，后又调用九万大军反复开辟筑路？另一方面，到目前为止，夜郎国的中心在哪里仍然是一个未解之谜。

夜郎古道究竟走向如何？仅在合江范围内，古道的线路历来也有争议，主要有"赤水河说"与"佛宝说"两种。"赤水河说"是多数专家的观点，一则沿赤水河坐船而上行到仁怀，而仁怀至桐梓、遵义很近，同时，沿赤水河岸开辟路道至夜郎国都是古人寻路之常理，也是最易行之事，赤水河沿岸至今遗留了许多古迹关隘；后者以沿途丰富的历史遗迹和延续至今的文明为证，认为当年沿大、小漕河进入，并由现川黔渝交接处进入夜郎国可能性很大。从陆路的角度看，距离最近。也有人以目前遗存的崖墓为证，认为现在的佛宝就是当年夜郎的属地。

在两种说法之外，也有学者认为，夜郎古道不止一条。在当年历经反复筑路，后人受洪灾、泥石流、战乱的影响，或因移民、经商的便捷，往往改路而行，殊途同归，最后形成了以合江为起点，经主线和多条支线到达夜郎国的道路网络。

夜郎古道承载了众多的历史文化内涵：文明传播中各民族的交流、融合，战争史上的汉夷之争、太平军乃至红军在此地的转战，移民史上的湖广填四川，均与夜郎古道密切相关。而始终支撑这条古道延续的，则是发达的木业和盐业。如果说汉通西域的道路被称为"丝绸之路"、连接滇川藏的为"茶马古道"的话，夜郎古道就是一条"木盐古道"。

从古至今，道路与河流往往同行，哪里有河流，哪里就有道路。除赤水河之外，合江能够连接夜郎国边界的河流，就是环抱佛宝森林核心的大、小漕河。大漕河发源于古时由黔入川第一关的红牵子，小漕河源于川黔渝交界处的桃子岩，两条河水量不大，在不少地段只能称得上是溪流，但在南滩合流后，两河却以一个惊人的大拐弯，直奔长江，最后以塘河之名在江津境内汇入。赤水河和塘河这两条神奇的河蜿蜒于夜郎、蜀、巴之间，简直就是一条天生的商贸之河。

而本人认为，以赤水河为主的夜郎古道，应该是以合江为出发点的夜郎古道中的最主要的一条，因为河谷两岸的古道，历来为川盐入黔的必经之路。盐在古时为经济命脉，贵州无盐，川盐曾经垄断贵州市场，川盐由自贡经沱江到泸州，入长江至合江转运进入贵州。

醒觉溪客运码头（张采秀摄）

在赤水河入长江口两岸，近年出土了大量的汉代画像石棺，这些画像棺记载了当时的合江人文历史，也反映了当时人口居住情况，从整体上看，汉代的合江人主要居住在赤水河下游两岸，从醒觉溪到密溪的赤水河边发现的大量汉墓就是有力的见证。密溪的芭蕉弯汉代崖墓群，就有崖墓六十多座，这也说明在汉代，从现在的合江县城到密溪一带是人居相对集中的地区。而再上面的先市镇也是唐朝时期建制的场镇和码头，车辆也是合江八大古镇之一。江边的榕山本人在唐朝的历史上没有找到可考证据，只是在宋朝后才作为水码头载入历史；现在榕右乡境内的宋代古城建于合江名山榕山山麓，是宋代合江治所所在之一，曾经是合江的政治经济中心，早在唐朝时期就是古镇。那时所称合江境内的先市、白沙、榕山、福宝四大古镇之一的"榕山"古镇指的就是这座宋代古城，而现在的榕山过去叫"王场"。宋元战争后，古宋城被毁灭，现在的"王场"才得以发展壮大，清朝后更名为榕山。按照地理区位分析，在宋代以前，根本就没有现在榕山的存在，从合江巴符关过赤水河后，有一条古道直达"合江宋城"，由古宋城向东有一条古道直通榕山大垭口进入大小漕河流域——这应该是夜郎古道的一条分支。在赤水河流域至今还留下无数古码头、古驿站、古关口等丰富的文化资源。

三　走进之溪

为了找到更多的夜郎古道遗迹，我背起了行囊，沿着赤水河左岸而行，一则是为了发现更多的古迹，二则是重走青年时代曾经走过的跌宕不平的路。

从合江经密溪到先市，历来就有条通达的大路（古代有石板的路称为大路，无石板的路称为小路）。我便沿着这条古老的路而行。从醒觉溪入口，道路紧靠赤水河边而上。在灌湾以下，道路平整，古石板路面保存较好。这些路板石历史悠久，很多石块中间因人们长期的脚底磨擦，已经形成了很深的窝，有的深度可达五六厘米。这些石窝深浅不一，有的石块还很粗糙，这可以看得出它们所经历的历史沧桑。我对考古没有多少研究，知道的东西很浅显，但据四川省考古研究院前来考察汉墓的专家说："很多路板石都遗留了汉唐时期的痕迹，这条道肯定是古道。"

密溪镇内的赤水河（龙启权摄）

在灌湾以上至密溪之间，近年因修建公路和农民建房，先后发现汉墓多处，宋墓就更多了，出土的墓葬品也不少。在我的记忆中，这条大路边到处都是古樟和榕树，在有榕树的地方多有行人休息平台，特别是古代商人，大多是肩挑货担，在累时利用树荫处休息，因此，凡榕树大多栽在大路边。同时榕树较多的地方，多为交通要道或人居集中之处。近三十年来，由于城市的快速发展，榕树逐渐成为城市的风景树，加上通村公路的快速建设，古时大路大多不复成型了。

县城西隅古道上的密溪乡历史也很悠久，据考证这里应该是在唐宋时期就存在的一个茶店子。密溪因境内溪流密布而得名，密溪沟是境内最大的一条小溪。密溪属沉积岩、石灰岩地区，古生界二迭系和中生界三迭系的地层。密溪沟两岸地势平坦，深浅丘相间，日照充足，水源丰富，属湿润性小区气候，土地肥沃，林木葱茏，是合江县唐宋时期人口居住相对密集的地区之一，位于密溪场西南约一千米处的芭蕉湾宋墓群（初步查明的就有六十多座墓）就是有力的证据。

现代的密溪素有名优水果之乡的美称，是合江荔枝的主产地和"真龙柚"的原产地。密溪荔枝园有上千株成年结果荔枝，园内荔枝产量位列全川榜首，享有"中华之珍品""果中皇后"的美誉。真龙柚吮吸赤水河谷地带的甘露，以其"果皮菜花黄，果子短颈型，皮薄实心大，剥皮肉不散，果肉晶莹浸色，瓤瓣无渣无核，汁多味甜似冰糖，清香脆，回味悠长"等特点，备受消费者青睐，曾于1995年获第二届中国农业博览会金奖。

车辋境内赤水河（之溪一角）（张采秀摄）

密溪乡还有一个不为人知的地方，那就是撤区并乡前的真龙山。真龙山位于赤水河边，也在沿江古道上，山高地险，人口稀少，与赤水河南岸的实录乡遥相呼应，是一个可守可退的地方。1947年春，合江成立了以真龙山为中心的真龙中共地下支部，支部书记是丁永昌，发展地下党员十余人。他们主要活动在先市、真龙、密溪、实录一带。他们一边种田维持生计、一边组织发动群众起来推翻地主阶级，为合江的解放事业做出了积极的贡献。在中华人民共和国成立初，他们积极参与地方政权的接收、建立、巩固工作，特别在征粮剿匪工作中做出了卓越的贡献，被当时社会各界称为"红色支部"，真龙山也被命名为"川南小陕北"。

在真龙山的斜对面，有一个小场镇叫实录乡，它是赤水河边的一个古渡口码头。这个码头下至合江，上至先市，是居于赤水河下游南岸的唯一一个古码头。

实录镇由赤水河、习水河环抱，汇合于三江。2008年11月4日，实录镇蒋湾村赤水河边发现一处汉墓群,经考古专家初步勘查,确认有 8 座以上墓葬。墓葬中还发现陶俑等陪葬品,还有一个汉代石函,这是合江县首次发现的汉代石函,具有相当高的考古价值。此外,人们在实录乡幸福村境内还发现了多块汉砖。这些都充分证明,汉代的赤水河畔人口稠密。人的存在必然有人的流动,古道也必然存在于他们的身边,这也进一步证实了夜郎古道在赤水河边的推测。

赤水河从赤水市以下的河段又叫"之溪"。至于"之溪"的由来,在合江的文史资料上没有找到准确的答案。就本人认为,赤水河是一条"之"字形的河流,主要由两个大的"之"字组成,一个是从赤水河口以灌弯和实录为支点至先市希望滩为一个"之"字段;另一个是先市以上三角沱和黄角湾为支点至车辋为一个"之"字段,此外,在不同的河道也还有许多小型的"之"字河段,这也许就是"之溪"的来历吧。

"之溪秋练"乃合江八景之一,清朝诗人董新策早有《暮山溪·之溪秋练》赞美之溪景色:

霜天雨歇,山潦横流急。溪水不扬波,更铺上盈盈素色,斜阳淡月。砧杵寂无声,风生縠,雾生纹,澄净光如拭。河头赤虺,瀑布悬岩织。千折晃漪涟,漫猜作吴门马白。登高凝睇,笑青女安排,纱谁浣?绡谁展?不着丝毫力。

清朝解元罗文思独乘小舟,沿符阳而上,漫游之溪河,观两岸风光,赏山水之秀色,对之溪美景赞不绝口,其《之溪秋练》诗云:

一波三折带清溪,净影澄光匹练齐。

蝌蚪虫书依浅藻,芙蓉花样簇长堤。

纹因风过吹重叠,绮为晴余照斐凄。

闻说吴淞秋可剪,并刀欲试板桥西。

之溪水绕山行,山清水秀,波浪曲折,如绮如练,真是让人陶醉其间。故唐代神童、合江县令、诗人先汪有诗云:"之江如练舞长空,一色水天相映红。安得仙人施妙法,世间无水不朝东。"诗人生活在赤水河边,对赤水河美景赞美有加,不光是把之溪的美景写到了极致,更把赤水河的高山峡谷特性写得淋漓尽致。

四　两河抱一山的实录镇

实录镇由原来的实录乡更名而来。赤水河、习水河环抱丁山蜿蜒奔流，在三江处汇合后流入长江。该镇东临合江、虎头，南与凤鸣镇相连，西与先市接壤，北与密溪一河相隔。实录镇面积56平方千米，形似等边三角形，属深丘地区。

镇内盛产荔枝、柚子、青果等水果，是合江县名优水果基地之一，合江"三绝"在该境内皆有生产，并且为主产区。荔枝品种齐全，有大红袍、坨提、妃子笑、桂味、楠木叶等。柚子以沙田柚、真龙柚为主。青果以大白元、二棱子为主。多元化的特色果品使得该区域形成独特的生态农业景观，是合江著名的"三江荔枝园"乡村旅游景区。

习水河是流经实录镇境内的第二条大河，也是赤水河右岸的一级支流。发源于贵州与重庆交界的寨坝乌梢丘，全长150千米，经程寨，过官渡，出长沙，在合江三江口汇入赤水河后入长江。这是一条充满传奇色彩的河流，与现在的贵州习水县有着密不可分的关系。

实录镇内的赤水河（龙启权摄）

赤水河与习水河将实录镇围成一个美丽的三角洲，历史上称为"三江地带"。河流是孕育历史、传承文化、集聚人气的地方。在这一地区，历史文化可追溯到春秋战国时期，在汉朝已经有多个少数民族在此地居住。发掘的汉墓、宋墓中绘画图案和雕刻艺术可以见证，当时的人口已经有较大的规模，文化已经有了繁荣的景象。

实录镇的历史比较久远。2008年11月4日，人们在这里的蒋湾村赤水河边发现一处汉墓群，据介绍，该汉墓群系工人修建公路时发现的。修路工人王强说："我在工地上用钢钎钻炮孔时，钢钎一下就掉进去了。长长的钢钎掉进地下后竟然看不到钢钎头，难道地下是空的？工人们用挖掘机一挖，果然发现了一个墓穴。由于这个地方过去曾经发现过汉棺，大家意识到可能是汉墓，于是立即向县文管所报告。"当接到电话听说实录发现汉墓时，合江文化界人士都十分欣喜。据文物部门的人说，因为前几天实录幸福村村民送来一块砖，当时一看就知道是汉砖，初步断定可能有汉墓。根据汉崖墓的分布规律以及发现墓葬的地形特征，专家初步推断该汉崖墓群可能有 8 座以上。后考古人员在里面发现汉棺以及陶俑等陪葬品，还发现了石函，这也是合江县首次发现的汉代石函，具有相当高的考古价值。

在实录镇的境内，不但有汉墓群，而且保存下来的宋墓群也有不少，很多地方还遗留下了夜郎古道和盐马古道古迹；荔枝古道遗迹到处可见，现在是合江妃子笑荔枝园的重要组成部分。

丁山是实录镇境内的一座名山，"丁峰耸翠"是合江古八景之一。该山坐落在实录、车辋境内。山高 700 余米，为"丁"字形倒峙，赤水河如玉带缠绕山下，蜿蜒而过，山顶松柏参天，老树新枝，绿满长岗。清代诗人罗文思有诗云：

奇峰突兀插天明，

含翠凝烟百态生。

谁与画眉施黛绿，

独教珮玉映葱珩。

合江古八景之一的"之溪秋练"的主要景观就在实录镇境内。这里每到秋天，山色旖旎，果实累累，参天树木依山成梯次排列；景观叠置，河水、菜园、丛林相得益彰；菜花、树花、草花相映成片，养眼夺目，令人心旌摇曳。

五 习水河水弯又弯

作为美酒河、英雄河和未被污染的原生态河流，赤水河已经早被人们认知，而她的最大支流习水河，犹如生在大山里的美女，很少有人关注。

习水河又名高洞河，因下游长沙镇境内有一巨石横亘，河水从高处跌宕而下，形成瀑布而得名，又因高洞河产珍稀的鳘鱼又将此河名为习水河。

在崇山峻岭中穿行的赤水河（郭可夫摄）

习水河源头海拔近2000米，河口海拔200米，全长不到150千米的河流形成了较大的落差，容纳了亚热带丰富的动植物资源。这条河在高山峡谷中流淌，河床不宽，落差较大，到处呈现瀑布奇观。两岸山高林密，高山流水到处可见，特别是涨水天，到处都是瀑布高悬，百练飞垂，十分壮观。自然奇观较多，河傍山体有的像人，有的像兽，有的像物，从远望去，给人较多的想象空间。现在合习公路随山谷蜿蜒穿行，就像一条银蛇舞弄其间。沿河山高，植被茂密，河水清澈透明，没有工业和城市，自然也有着美丽的天然景观，沿线分布着长嵌沟、九曲湖、月亮湖等景点，奇观众多，风景美丽，空气清新。习水河作为赤水河的最大一条支流，随着交通的改善和人们的进入，那俊秀的英姿渐渐展示在人们的眼前，让人们感到了它的秀丽与神秘，让人们认识它的古老和威名。它的传奇故事开始向外流传，缓缓舒展开它厚重的历史。

习水河河谷留给我的印象总是那么新奇。那里特殊的地形、地貌和地质特征形成了习水河得天独厚的生态资源，孕育了美丽的自然风光。清洁的空气，温和的大气环流留给了人们特有的清新感。置身其中，就像走进了一个天然的大氧吧，让人有远离城市的喧嚣，浸浴在自然山林风景的感觉。由于河谷较深，两岸高山林立，年年冬无严寒、夏无酷暑，清幽凉爽四季如春。

贵州省的习水县在习水河的上游。根据我掌握的史料，习水县建县历史不长，1913年8月，建立温水分县，隶属仁怀县管辖，1915年温水分县撤销，习水县成立，置县于官渡，因其辖区境内原来多为古鳛国地界，又有习水河的知名度，故以习水而取此县名。

习水有着厚重的历史文化。经考证，一万五千多年前，便有人类在此繁衍生息。巴蜀文化的发展和兴盛，在习水这块土地上留下了深深的痕迹。境内有摩崖石刻、悬棺、崖墓，还有袁氏家祠等文化遗迹，集聚了深厚的历史文化资源，极具考察研究价值。

在习水县芭蕉塘考察摩崖（张采秀摄）

习水县与合江有深厚的历史渊源。习水县早在秦代隶巴郡，西汉属牂牁郡符县（今合江），东汉属江阳郡符县（后改为符信县、符节县）；蜀汉（三国）时隶江阳郡符节县，西晋（废符节县）仍属江阳郡，东晋（改置安乐县）属东江阳郡；南北朝时隶南朝的梁，属泸州安乐戍；武帝保定四年（564年）改安乐戍为合江县；隋代隶泸川郡合江县，唐代（618年）改泸川郡为泸州都督府，今习水部分地域属泸州合江县；元和元年（806年），今习水境内赤水河一带属剑南道泸州，五代十国时属剑南道泸州合江县；宋代大观三年（1109年），在今土城镇建滋州，领仁怀、承流二县，仁怀县城设今赤水市复兴镇，习水县境皆属之；宣和三年（1121年）废滋州，设武都城（治所在今土城），撤仁怀、承流二县，设仁怀堡，辖原仁怀、承流二县地，包括今习水全境；到元代设仁怀、古滋两县，改属播州军民安抚司，隶湖广行省；至元二十八年（1291年），改隶四川行省播州军民安抚司，习水县境属仁怀、古滋等处，元末，红巾军明玉珍在今重庆称帝（国号夏），其间改仁怀、古滋等处为怀阳县，习水县境属之。从以上史料可见，现在的习水河流域曾经几乎都是合江县的辖地。

六　合江宋代八大古镇之一的凤鸣镇

凤鸣镇坐落于凤凰山下。清代这里有座道观，供奉玉皇大帝，因此得名玉皇观场。随着场上人口增多，人们渐渐觉得叫玉皇观场别扭，便都叫玉皇场，延续至清末。后人为取凤鸣展翅，声名远扬之意，在设置乡名时，将其改名为凤鸣。

凤鸣镇地处大娄山余脉，属于习水河（高洞河）水系。习水河是赤水河的一级支流，长江二级支流。"鳛水"这个河名，早在《春秋》秦昭襄王二十五年（前330年）大致以习水河流域为中心建立鳛国的濮（僰）族人就已确定，至今已有2340多年的历史；北魏郦道元《水经注》曾名"鳛部水"；清道光十八年（1838年）郑珍纂修《遵义府志》称"其鳛部水、安乐水即今之高洞河，此河自高洞以下，土人皆名鳛水。此水产鳛鱼，为他水所无"。以后曾出现了用地名命河名的混乱局面，如高洞以上有官渡河、小溪之称；以下有小江、月台溪之谓。中华人民共和国成立后，水利部门即恢复古老的"习水河"名。数千年来，习水河经历了因鱼而名河，因河而名国、名县的历程。

凤鸣古街（李贵平摄）

根据《合江县志》民国版记载：南宋嘉定年间，合江设1乡、7里、20都、2团、441队、2212甲，凤鸣属于云翔里（因凤凰山而取名）第六都（管一保正，41队、202甲、1052

家。当时包括了现在的实录、车辋、斧头的一部分和凤鸣大部分地区）史马市（地点应在现史马沟一带）。当时史马境内陈家坝有一道观叫玉皇观，在川黔地区很有名，此地也在连接川黔的重要道路上。清朝中期玉皇观迁入现凤鸣场，场镇以玉皇观场为名。1986年建凤鸣镇，1992年撤区并乡建镇时并入茅山、九层两个小乡。

凤鸣镇属于云贵高原与四川盆地交接的坡面地带，境内浅丘、深丘、高原各占三分之一。地势呈西高东低、南高北低，海拔300～500米，最高点金龙湖村五尖山海拔1080米，最低点农化村胡豆滩海拔210米。

特殊的地理区位使得境内溪流遍布，高山与深谷相得益彰，形成了许多美丽的风景点。特别是进入高原的顶坡地区，森林植被较好，湖泊较多，奇山异水相映成趣，处处是风景，到处见美景。

作者（背）向专家学者介绍赤水河的情况（张采秀摄）

在凤鸣镇境内有"高原平湖"金龙湖、千手观音、明代石狮子、滩子上"天下奇观"流杯池和之字滩节孝牌坊等旅游资源，文化内涵较为丰富。

金龙湖是凤鸣境内的重要景区，处于川黔渝旅游金三角中心地带，距贵州赤水国家级竹海森林公园30千米，是典型的丹霞地貌地区，有云贵高原的夏季清凉、冬季积雪的特征。凡是到凤鸣的人，都会去看看，因为那里不光是个湖泊，更是一个风光独秀、环境清幽、空气清新的世外桃源。

整个金龙湖湖面由两大主水域构成，大小支湾共50多个，湖中有桥，有岛，共有孤岛3个，半岛26个。湖水青山环绕，碧波荡漾，倒映山水，相偕成趣。

金龙湖地处高山内，金龙湖区域植被良好，丹霞地貌突出，奇石裸露有致；12万余亩森林覆盖其间，郁郁葱葱，动植物丰富。杉树、松树、樟树等林木与成片的楠竹林相映其间，形成独到的自然景观。高山雨量充沛，瀑布雄奇多姿，溪水清澈甘甜，天然氧吧芬芳。

在那里的森林中，珍禽异兽时常出没其间，野猪、山羊、猕猴经常搅动山林里的竹笋，散发出阵阵清香。穿行于其间，青山苍翠环绕，红石耀眼熠灿，竹影婆娑绮丽，湖水清澈透明，不免口中顿生渴意，轻轻捧上一捧湖水，送进嘴里，顿感甘甜沁脾。

走上那里的山梁，阳光从树林间穿透而下，偶有光线照在人身上，给人一种特有的美感。山风轻吹，树丛中演绎着大自然的旋律，让人陶醉其间。慢慢品味，似乎感觉到每一处丛林都在吟唱原生态婉转的山歌，每一泓溪水，都在弹奏美妙的颂歌，给人的感觉神奇而美妙。

七　先汪先市动古今

　　从实录乡场沿江上行,赤水河河道变窄,落差变大,水流加速。两岸大浪冲沙,气势宏伟,使得河岸沙滩连绵。

　　这段河道落差较大,滩口较多,不便船舶通行。20世纪70年代,中央和贵州省地方拿出专款进行整治,通航能力有了很大的提高,才使河道成为现在拦水坝纵横交织,通行航道相对集中的布局。特别在希望滩一带,河堤众多,较宽的河床三分之二都是拦水堤,通航河道变得很窄。在热天,这些拦河堤便是人们休闲的场所,大家在上面听涛声哗然,看河水东流,观船舶急驰,赏夜间渔火,品渔家美食,真是让人无限陶醉。每逢夏季,下河游泳,清澈的河水洗涤着一天的疲劳,让人感到凉爽而舒坦。

先市河边全景(张采秀摄)

　　希望滩是古代人从合江走路到赤水的必经之道,到了这个地方就可以看到先市了。而从河路拉船而上,经过这个滩,河道就变得平缓,让人感到希望就在前面,故把这个滩口取名希望滩。希望滩是先市镇沿河出境的门户,顺河而上,到了希望滩就快到先市了。

　　先市镇位于合江县西南部,在美丽的赤水河畔。唐朝建镇,因先汪死后葬于此,其子孙在此居住,后人越来越多,成为一个"先氏"人集中居住的地方,故取名为"先氏",后人把"氏"改为"市",遂名"先市"。

在先市镇境内有先汪古墓、唐代晚期修建的青石板一条街、抗日英雄纪念牌、大佛寺、清代祠堂、家何村、早清酱油酿造老作坊、清代牌坊、石达开三渡赤水遗址（传说石达开五渡赤水，其中有三次在先市）、清代的合江跨度最长的单拱石桥——合龙桥、我国现代著名雕塑家、美学家、文艺理论家王朝闻故居等一大批历史文化遗迹。

先市因其独特的自然因素、传统的酱油酿造和酸菜泡制工艺，享有"酱油酸菜之乡"的美誉。所产酱油和酸菜畅销川南黔北。先市酱油酿制技艺的产生和发展，与川南、黔北、渝西地区历史上的经济、社会、文化的发展紧密相连。它是该地区酱油酿造传统的体现，也是该地区食品文化传承的载体。唐代神童先汪喜爱先市清酱，形成了以酱油祭奠先人的遗风。清代形成的"先市豆油仁怀醋"的赞语，如今仍在人们的口头传诵。

先市码头（李贵平摄）

唐德宗贞元元年（公元 785 年），先汪"举于朝，蒙诏试，授神童，伴读宫中十四年，赐进士，授合江令"。其老年在安乐山（笔架山）教书，死后葬于先市场观音山。相传他三岁便会写文章，七岁能背诵四书五经，被当地官员称为神童并得到当朝天子德宗皇帝钦赐。先市镇上街还存有他的坟墓，焦滩乡神臂城下有他幼年读书背诗文的地方——"读书岩"。唐代泸州考中进士的不多，先汪是其中之一。他的诗词很多，但大多已尽数散佚，有记载而尚存的有《咏之江》："之江如练舞长空，一色水天相映红。安得仙人施妙法，世间无水不朝东。"和《题安乐山》："碧峰横倚白云端，隋代真人化迹残。翠柏不凋龙骨瘦，石泉犹在镜光寒。一身回向天边立，万壑皆从谷底看。莫道烟霄无路上，但存仙骨到非难。"

王朝闻（1909—2004 年）是先市最有影响力的中国当代名人，别名王昭文，后取《论语·里仁》中"朝闻道，夕死可矣"语义，更名王朝闻，笔名汶石、廖化、席斯珂，是卓越的文艺理论家、雕塑家、美学家、艺术教育家，新中国马克思主义文艺理论和美学的开拓者与奠基人之一。

先市先汪墓碑（李贵平摄）

王朝闻 1909 年 4 月 18 日生于先市镇所属的原新店乡熊平村六社花滩子。幼年在周家祠堂启蒙读私塾，先后在先市高小、中南山中学（早期合江中学）读书，早年学习绘画、雕塑。1926 年在成都艺专等校学美术，1932 年在杭州国立艺专学雕塑；1937 年参加浙江抗敌后援会所属的浙江流动剧团和五路军战地服务队，从事抗日文艺宣传活动，同年加入中国共产党；1939 年在成都私立南虹艺专等校教书，任成都民众教育馆美术部主任；1940 年 12 月赴延安后，曾在鲁迅艺术文学院美术系任教。1941 年他为延安中央党校大礼堂创作的大型毛泽东浮雕像，被称为解放区美术作品的代表作。

中华人民共和国成立后，王朝闻曾在中宣部等部门工作，历任中央美术学院副教务长、《美术》杂志主编、顾问，中国美术家协会副主席、顾问，中国艺术研究院副院长，中华美学学会会长、名誉会长，中国作家协会顾问，国务院学位委员会第一届学科评议组成员，全国政协第三、四、五、六届委员等。五十年代后期，他的文艺评论虽以造型艺术为主，也广泛涉及文学、戏剧、电影、曲艺、民间文艺、摄影等领域。他的理论发现，源于直接和间接的审美经验，注重理论联系实际，把艺术创造和艺术欣赏融为一体，在全国拥有广大的读者群。2004 年 11 月 11 日 23：40 因病在北京逝世，享年 96 岁。

王朝闻是在艺术创作上取得突出成就的实践者。他为《毛泽东选集》封面创作的浮雕《毛泽东像》，圆雕《刘胡兰像》、圆雕《民兵》等作品，都属于新中国美术的代表作。他是熟谙实践的美学家，在七十余年的艺术与学术活动生涯中，横跨美术、文学、戏剧、电影、曲艺、民间文艺、摄影等领域，先后出版了专著和论文集 40 余种，近千万言。他通过数十部著述，为建设具有中国特色的美学和文艺理论体系作出了卓越贡献。他的美学既是艺术家的美学，也是哲学家的美学，具有鲜明的理论特色。他一生坚持文学艺术为人民服务的方向，关注艺术与生活中的重大课题，坚持真善美的艺术理想，强调继承中华民族优秀文化传统和借鉴外国的先进文化。他十分注重美育教育，为提高文艺工作者和群众的审美素养付出了毕生心血。他的美学思想和理论建树，指导和影响了新中国的几代美术工作者。

他的故居尚存,合江县文化体育广播电影电视局正多方筹集资金对其故居实施修缮保护工作。

作者(中右)考察赤水河先市镇(张采秀摄)

先市场上文物古迹甚多,其中牌坊算是历史的重要遗存。先市的牌坊有两处。大码头牌坊位于之溪路社区,坐西南向东北,建于清代,石质结构。坊额上刻有文字,风化严重,现已难以辨认。该牌坊在明间设门,可防止水路而来的盗匪。猪市坝牌坊位于古街新华路,建于清代,坐西北朝东南,石质,占地面积5平方米。主楼嵌匾,上面在"文革"期间用草泥粉糊过,字迹被遮掩,有部分文字暴露在外,但已模糊。右尽间嵌碑,碑文用楷书竖写阴刻,文字风化严重。该牌坊也在明间设门,可防山区匪盗。

赤水河边的先市一角(李贵平摄)

先市酿造作坊是先市重要的文物古迹,现在既是省级文物保护单位,也是省级非物质文化遗产保护单位。该作坊旧址分前后两时期完成，前期系清末穿斗式构架的歇山式顶的四合院建筑，四合院建筑在一台基上，由厢房、大门、前厅、后厅、天井组成。在四合院大门两侧向外凸出小厢房，左右两厢房建制一样，系后期建筑，约晚建30年。大门前有一踏道，前厅为四柱三开间，中间一天井。后厅为五柱四开间歇山式顶的房屋。明间分为两部分，前面为浸泡池、蒸料灶，后为拌场，次为蒸料房；左次间也分前后两部分，前面为灭菌室，后为制曲室，梢间为仓库。露天酿晒场在作坊外约5米处的赤水河边，时代较远。

下坝贾家大院位于先市拖场坝尾端，为民国时期的砖木结构公馆式单体建筑，分为上下两层。房外有廊檐，正面墙壁有泥塑装饰。系原贾习久地主大院，中华人民共和国成立后收归政府所有。

先市古镇位于场镇之溪路、解放路社区，坐落在赤水河边。古镇始建于唐代，历经唐宋明清多次战乱，现存的街道分为两段，一是解放路路段，二是新华路路段。解放路路段是从解放路1号到解放路30号，为石板路，街道两边还有部分穿斗式悬山顶建筑。新华路路段，西北东南走向，从新华路36号民居到67号民居。东南街口为新华路与和平路交叉口，长92米，街宽5.2米，为石板路，街道两边有少数穿斗式悬山顶建筑，保存一般，新修房屋较多。

先市临河小街（李贵平摄）

抗日英雄纪念牌在先市初中校园内，其准确的称谓是竖立于1939年的"抗日阵亡将士暨死难同胞纪念碑"。现在我们看到的只有四块牌，这是1989年李阳臻任校长时期修建校园时从地下发现后重新树立的。

据了解，这个地方原来叫广福寺，据说过去有一个寺庙。七十多年前，先市镇人民的"抗日阵亡将士暨死难同胞纪念碑"就树立于广福寺门前的空地上。为了永久保存纪念碑，当时政府特地在环境幽雅的广福寺修了一座白塔，把纪念碑镶嵌于塔身上。后来，人们就把这个地方称为白塔坝。白塔坝附近一个叫郑秀才的老人告诉我们，他不仅从小就居住在广福寺,并且由于小时候喜欢读书,活泼好动,对抗日纪念碑的由来比较了解。据他介绍:1939年,日本帝国主义疯狂践踏我中华大地,肆意屠杀中国人民。中国军民奋勇抵抗日本强盗的英雄壮举,通过各种宣传渠道传到合江,鼓舞了广大民众,人们对浴血奋战在抗日前线的军民充满敬意,对死难同胞表示深深的同情和哀悼。为了永远牢记历史,激励民族斗志,当时的爱国人士、先市区区长郑贤榜号召全区一镇五乡的民众踊跃捐款,为抗日阵亡将士暨死难同胞树碑立传,此举得到了广大民众的热烈响应。经过紧张的募捐,1939年9月,纪念碑破土动工。今年89岁高龄的刘安民,当年在师傅的带领下参加修建抗日纪念碑。从刘安民断断续续的回忆中,我们得知,为了建好这座意义非同寻常的纪念碑,人们进行了精心的设计、选址。由当地有名的石匠姚海清凿刻碑文,每块碑长两米,宽60厘米,厚15厘米。同时,10个民工昼夜施工,历时4个月,1939年岁末,雄壮、美观的"抗日阵亡将士暨死难同胞纪念碑"竣工。纪念碑不是原来大家普遍认为的4块,而是6块,至于另外两块纪念碑在何处,现仍下落不明。

先市酿造厂(李贵平摄)

"抗日阵亡将士暨死难同胞纪念碑"耸立在合江大地上,经过广泛的宣传,对合江人民同心协力,有钱出钱,有力出力,支援抗战是一个极大的鼓舞。其碑序文为:

为国而战,而死,而被难,可悲乎?可敬已!其人其事,常印铸于全国四万万五千万人之胸中,铭肝刻骨,不必志之金石而后不亡也。民念七月七日之衅,实开吾华历史全民抗敌之先声。迄今岁七七纪念,年已二周,敌焰日衰,我气益壮。贤榜谬长区政,与一镇五乡联保主任,念后方责重,前敌功高,每思有所表彰,以励群众,乃奉令为阵亡将士暨死难同胞立碑纪念,因募金就先市广福寺地址,鸠工凿石,择吉建筑,四阅月而功成。来日方艰,前型不远,邦人君子,其共式焉!

同时还有时任合江县县长屈宗藩的题诗:

东夷肇衅祸神州,
百万军民战不休。

铁血江山坚壁垒，

忠魂毅魄足千秋。

有中国国民党四川省合江县党部书记潘之龙题字：

城可倾，山可移，烈士英名万古垂。荡寇之功诚赫赫，安邦之志与天齐。巍然大碑存纪念，党国光荣立可期。

还有合江县第二区市民穆世清济波撰书的碑辞：

子华子曰："全生为上，亏生次之，死次之，迫生为下。"民族生存之义，盖犹是矣。国家之自由独立，其价值百千亿万倍于个人之生命，故百千万亿人国家之自由独立之不可不争，惟百千万亿之人趋死不顾，而民族之生存权利乃凛然不可侵犯矣。呜呼！我不嗜杀，而横暴残虐固不可不诛；我不好战，而势迫威凌则不可不抗。或抗而生，或抗而死，死无愧于生者，生无愧于死者，如斯而已。爰为之颂曰："士可杀，不可辱。民族深仇，九世而复。浴血而耕，浴血而战。先死后死，军民一贯。"

在四川抗战之初就竖起鼓舞军民坚持抗日奋战到底的纪念碑，实属罕见。更值得一提的是，碑文慷慨激昂，铿锵隽永，表达了中国人民同仇敌忾捍卫祖国独立和民族尊严的英勇气概。

先市酱油晾晒场（李贵平摄）

1989年，在先市"抗日阵亡将士暨死难同胞纪念碑"竖立50年后，先市初中在整修校园环境时，意外地发现了流失多年的四块纪念碑。此后，先市初中几届校长承当起了保护纪念碑的责任。重树于先市初中校园内的抗日纪念碑，成为生动的爱国主义教材。面对这些历经风霜、默默无语的石碑，回顾抗战历史，我们不能忘记那段中华民族的奇耻大辱，缅怀英雄业绩，对那些"为国而战，为战而死"的抗日烈士，对先辈们"士可杀，不可辱，民族深仇，九世而复，浴血而耕，浴血而战，先死后死，军民一贯"的抗敌气概，我们无不肃然起敬。

合龙桥是先市又一重要历史文化古迹。我们出先市场沿着古道而行，快到合龙溪，看到的是一座石拱桥。这座桥看上去十分精美壮观。走近细观，在拱顶北侧的扇形石上刻着"合龙桥"三个大字，字体优美，出于何人之手尚未人知。整座桥用山涧里的石块搭建而成，石块就是石块，可我从这座古桥的一块块石头窥见了一种风景——那是古人的智慧和灵魂。

合龙溪也叫伏龙溪，因合龙桥而得名。合龙桥是合江境内修建于清朝跨度最长的单拱石桥。相传在修建合龙桥时，由于跨度较大，工匠们精心设计，对每一礅拱桥石的长宽高都进行了精密的计算和准确的打造，并严密组织施工，做拱时也很顺利，但就在合龙最后一块石头时，设计好的石头不是大了就是小了，无论如何修改放上去都不恰当。石匠掌脉师（施工总负责人）先后经历三天，换了二十一块拱心石都没有让桥完美合龙，掌脉师非常纳闷。正在这时，有一个牛偏耳（买卖牛的中介人）从桥下过，看到石匠老师无计可施的样子，便唱着说："山对山，岩对岩，坝子边那个猪槽抬过来，日装太阳夜装月，桥头香火永不败。"石匠师傅便将牛偏耳请来，在桥头架起香火祭拜天神后，将那猪槽抬来安装上，真是恰到好处，大桥成功合龙。此桥便取名"合拢桥"，随着历史的变迁，"合拢桥"被后人写着"合龙桥"。桥下的小溪取名为合龙溪。桥头当时用香火祭神的地方后来修成了寺庙，叫"合龙庙"。庙内菩萨很灵验，深受当地老百姓爱戴，至今香火都很旺盛。

走完整座合龙桥，我真佩服我们的先人，当时在没有任何机械，也没有水泥的情况下，用他们的智慧和汗水，建成这样一座大跨度、高质量的单拱石桥。原桥两边有60厘米高的护栏，后来公路从上面经过，泥土已经填满了整个护栏，在不断加重负载的情况下，这座桥仍然完美无损。

古桥是一段沧桑的历史，砌在古桥上的每一块石头都在述说着过去的故事，涓涓的溪水伴随着先人的足迹流淌到今天。先人已去，精益求精、艰苦奋斗的精神却成了不死的灵魂。

先市是一个历史文化古镇，文化积淀十分深厚。那里的历史古迹有很多。从集镇到乡村，随处都可听到历史故事的传说，随处都可以感受到浓厚的文化氛围。说实话，走到先市就像走进一个历史文化宝库，哪里都有看不完，说不完，写不完的东西。离开时，我的心中有了一个和先市古镇的约定，待到来年山花烂漫时，我还会再来看看。

八　中国历史文化名镇——尧坝

"尧坝"是中国西部地区人们较熟悉的一个名字，它的知名度和影响力在赤水河流域乡镇中是名列前茅的。尧坝不只是一个历史文化古镇，更是地域文化的代名词，是川南地域文化的典型代表。

尧坝早在北宋皇佑年间（1049—1054年）便是川黔交通要道上的驿站，初称"遥坝寨"，是古江阳到夜郎国的陆路通道，有"川黔走廊"之称。泸州与赤水间未通公路之时，川南黔北的商贾往来和官方传书经尧坝到赤水，必在此停歇。此间商贩云集，商品齐全，市场繁荣，为远近闻名的"小香港"。现尧坝是中国历史文化名镇、中国历史文化名街、国家级文物保护单位、全国特色景观旅游名镇、国家 AAA 级旅游区。

2018年建成的尧坝驿（刘伟摄）

喻嘴河是穿越尧坝全境的河流，发源于鼓楼山的利合场（属泸州市纳溪区龙车镇），沿北侧山谷而下，再经尧坝镇井桥村流入先市镇伏龙溪，最后注入赤水河。喻嘴河在尧坝境内长约20余千米，围古镇蜿蜒盘绕，沿途古桥密布，竹桉葱郁，河水清澈见底，虾戏鱼舞于奇石绿苔之间，河水因落差大，瀑布较多。在喻嘴河上摇竹排观古镇丰韵，或幽林垂钓，野趣盎然。电影《狂》片中邓幺姑（许晴饰）洗衣服的镜头就是在喻嘴河上游的鹅肱滩拍摄的。

尧坝历史悠久，汉武帝元鼎二年（前115年），设置符县，治安乐水会（今合江镇南关上),尧坝为符县属地。东晋穆帝永和三年(347年),改符县为安乐县,尧坝属安乐县。南朝梁武帝(502—549年),撤安乐县置安乐戍,尧坝属安乐戍。北周保定四年(564年),撤安乐戍置合江县,尧坝属合江县。北宋皇祐年间(1049—1053年),合江置二乡六寨。寨子为军事关隘设施,尧坝为各寨之首。

作者(背中)和专家一道在尧坝古镇考察(张采秀摄)

北宋大观年间,赤水河流域的少数民族归顺宋王朝,乃于赤水河中游建置承流县、仁怀县,属四川省管辖。从省会成都到泸州,再到承流、仁怀二县,必经尧坝,尧坝于是兴盛。明洪武年间(1368—1399年),建尧坝场,为古江阳通往黔北赤水交通要道。明万历二十五年,播州(今贵州遵义)杨应龙反叛,明军入川讨伐,历经四年平定,其间明虎貔将军张政便在先市尧坝一线屯垦。明万历年间(1573—1620年)尧坝创修东岳庙,清康熙三年(1664年)增修,嘉庆元年(1796年)重修。明末清初,南明孙可望军与清军在尧坝一带征战;随后吴三桂军与清军在尧坝一带争夺,前后战乱二十三年,人口大减,乃有湖广填四川之潮。现今的尧坝人,多是那次迁来。

清嘉庆十五年(1810年),武科进士李跃龙因剿匪有功,皇帝特敕修建功德牌坊。周其斌积极推进尧坝商业发展,团结各方人士促进商贸繁荣,加上平定境内土匪有功,朝廷委以知县之职,但孝心为上,周其斌为孝敬母亲未去赴任。清末,革命志士任大容(出生于原新店乡凉水井村八社草花莲,与王朝闻故居花滩子相距不到一千米)率乡人占鼓楼山,竖起反清义旗。1916年,护国军在尧坝、先市一带激战,击毙北洋军200多人。1934年,尧坝人梁自铭组织中共合江特支,并任特支书记,1935年,梁自铭等8人在合江被捕牺牲。1949年,国民政府七十二军六九六团由泸县开赴尧坝、九支驻防,随即起义。1950年,中国人民解放军第二野战军十五、十六军部分营连和泸州军分区组织联合指挥部,在尧坝鼓楼山一带剿匪,歼敌近万人,是川南地区最大一次剿匪战斗。

镇内文化古迹较多,旅游资源丰富。东岳庙、大鸿米店、周公馆、古民居群、进士牌坊、王朝闻故里等遗迹保存完好,还有二十四个半边山二十四个望娘滩、聂龙出世、刘真孝母、瑶王数山等民间传说。

尧坝古街(龙启权摄)

尧坝古街

尧坝古街始建于明,长约1000米。街面弯曲成S形,街石采用山区青石板和长条石镶嵌而成,凹凸不平,无梯步,能通行车辆。北街是周其宾为代表的周氏家族修建,南街是由武进士李跃龙为代表的李氏家族修建,素有周半场、李半场之说。

古时川南黔北的客商将茶叶、井盐、火柴、竹麻、药材、布匹等物资取道尧坝运往各地,造就了古街旺盛的人气,饮食业十分发达,黄粑、酸辣粉、黄糕、豆花等应有尽有,味道独特。特别是黄糕小吃享誉川黔,素有"先市的姑娘、二里的唢呐、尧坝的黄糕"之说。

镇上的古民居群保存完好,分上下两面街坊。上街坊依山而建,高低起伏、错落有致。下街坊宁静平和,瓦脊成一线贯连,形成有节奏、有韵律的民居群落。房屋家家有巷道和天井,户户有木楼,进深一般为四至六间,屋后有小路与水井相连。墙壁为夹竹篾、水板壁或厚实的大方砖壁,为了防火,户与户间还建有防火墙,也有置木逗格子窗,窗上雕饰繁复而新奇的图案或吉祥灵瑞。在成群连片的古居民群中,坐落着李跃龙公馆、周其宾公馆、凌子风故居、李子英故居等建筑,茶馆、染坊、酒肆、客栈、戏楼、石雕、木雕、窗棂、亭台夹杂其间,满目古韵遗风。

东岳庙

东岳庙位于尧坝古镇中央,初建于明万历年间(1573—1620年),清康熙、嘉庆年间几度重修、扩建,规模不断扩大,香火日益旺盛。至清道光年,声名远播,成为川南重要佛教场所之一。整个寺庙依山而立,建筑群体严格沿山门正中的中轴线对称排列,共有五个殿宇,呈梯形状向上分布。全寺占地6500平方米,气势恢宏雄伟。

东岳庙大门全景(李贵平摄)

在窄窄的古街中,东岳庙山门蓄势,石阶宽敞,山墙在高高的七级基石上耸峙。房顶青瓦覆盖,翘角飞檐,飞阁流丹,气势雄伟。中间正门上端纵行刻有"东岳庙"三个大字,九条镂空雕刻的小龙环绕四周,龙姿矫健,神态逼真,除顶端的小龙雕凿完整外,其余小龙见首不见尾。龙的四周用碎瓷镶成熊熊燃烧的火焰,整个图案动静搭配,虚实相间,立体感强。两边各有一道侧门,均显古朴、典雅。

进入山门,是十根朱红大柱支撑着的戏楼。戏楼两侧为旧时有钱人家坐着喝茶看戏的厢房,左为男居楼,右为女居楼。沿左侧窄窄的小楼梯可上到戏台,戏台开阔,设施齐备。帮腔的,奏乐的,更衣的,各有各的位置。戏台顶端的木质天花板上,彩绘有栩栩如生的八仙图。戏台前端的护栏由上下两块木雕组成,上一块木雕名为"群仙图",讲述的是王冕在崔真人的引领下到天宫赴宴,见一仙女绿云十分美丽,动了情愫,触怒玉夫人(皇帝娘娘),玉夫人拔下头上金钗化为斩仙剑,欲杀王冕,被群仙求情劝免的故事。木雕刀法细腻,线条流畅,人物衣饰,神态举止悉如真人。配在两头的木雕则描述了王文与刘素娥嬉戏调笑时被刘素娥之夫刁南楼撞见的场景。王文公子哥儿的习气,素娥罗扇掩面的羞惭,刁南楼忍气吞声的懦弱,无一不刻划得淋漓尽致。下图是《三国演义》中的一组图画,由大破黄荆、许田射鹿、三让徐州、甘露寺招亲、吕布戏貂婵、大战长坂坡、七擒孟获构成。整个画面金刀铁马、气势磅礴,一气呵成,再现了群雄逐鹿的三国时代。

戏楼前是露天的二十九级石阶,沿台阶向上,便是魁星楼。魁星楼靠山而建,高达 16 米,全部采用木斗架接结构建成,分上中下三层。底层为弥勒佛殿,一尊慈爱和蔼的弥勒佛在此笑迎八方来客。两旁的柱上挂满了古今名人的对联、诗赋。左侧是佛寺里供应香烛、纪念品的地方。右侧是一个精致的小天井,这是僧众的住宿之所。天井东面,有三块嵌在墙壁内的石碑,字迹已有些斑驳,依稀还能辨别出所记乃是清道光十五年(1835 年)李跃龙、周其宾等士绅集资修建魁星楼的事情。

从天井出来,走完十五级陡峭的石阶,便是三圣殿。三圣殿是东岳庙最早的建筑,由 12 根高达丈余、方约尺余的巨大石柱擎起,已有些风蚀的表面印证着年代的久远。顺三圣殿两侧的小门可上到魁星楼的二楼、三楼。三楼就是东岳寺的最高处了,可俯瞰尧坝全景。站在这里看尧坝老街,古色古香的民居群卧在脚下,显得安静、祥和,小青瓦的屋面古朴典雅。远处的进士牌坊气宇轩昂,大鸿米店富丽堂皇,千年古榕荫盖四野。

东岳庙戏楼对面的二十九级梯步(李贵平摄)

出魁星楼,过三圣殿,跨过几级石阶,便到了大雄宝殿。殿门有对联 "东江苇渡佛法弘传苏万物,山寺钟清德音广布越千秋",笔法遒劲而不失温和。大殿正中,是释迦牟尼塑像,两边均匀排列着神态各异的十八罗汉。佛祖背后,是文殊菩萨、普贤菩萨、观音菩萨塑像。殿内檀香袅袅,旗幡飘飞,木鱼声声,磬钹脆响。

大雄宝殿后门出来,上几个台阶,便是千手观音殿。放眼看去,只见一片大大小小的佛手整齐排列成一个圆形,原本素洁的塑像好似罩上了一层神秘的光环。殿前两株桂花树分列左右,高约 5 米,树冠如盖,郁郁绿意,令人赏心悦目,心旷神怡。

千手观音殿背后是供奉孔老夫子的孔圣殿,两殿之间有一蓄水的小天井,名九龙池,绿水涟漪,游鱼嬉戏,别有一番情趣。据说这水可洗涤身上的晦气,且无论涝旱,总是不溢不枯。池边有一战鼓大小的圆石,石上雕有九条巨龙,名叫九龙石,寓意东庙岳所处之地为九龙聚宝山。

尧坝巷子（龙启权摄）

九龙聚宝山

九龙聚宝山位于古镇中央街侧边，传说中的"瑶王数山立都""九龙聚宝""万马归槽"之处。登临九龙聚宝山，远处大娄山余脉从黔北蜿蜒而来，龙卦山、仙顶山、鼓楼山遥相呼应，众山似万马奔腾，起伏跌宕，如长龙横卧，蜿蜒不绝，置身此处，让人飘逸飞思。民间有"尧坝自古称福地，百座群峰聚城环"之说，相传瑶王在此欲数百山，取"百山朝拱"之意修瑶王殿，由于树林葱郁，高低不同，难得一一数清，连数三遍九十九，漏数足下第一山，建都未成，终成憾事。合江人夜郎更夫先生曾作对子一幅："天作成万马归槽山迭来，九十九顶一山失漏瑶王殿；地设就九龙聚宝水绕去，二十四滩三水汇合孽龙宫。"

进士牌坊

屹立在古街最南端的进士牌坊，是清嘉庆十五年（1810年）为庚午科武进士李跃龙建立的。牌坊雕刻精美，匠心独运，坐北向南，条石结构，三重檐四柱三间，斗拱歇山式建筑，通高7.8米，面宽8.8米。牌坊上匾额、题对保存完好，一、二重檐上题有"营守府""赐进士第"字样。中间两根石柱上刻有"景明北停处提刑按察使司按察使王正常题"的楹联："对天仗以呈能，勇冠貔貅之队；戴宫花而焕彩，荣耀桑梓之邦"。石柱背面有题词："宴预鹰扬，银榜金花初得意；名题雁塔，铜筋铁肘尽称奇"。左侧落款为"特授四川省成都县正堂候补成都府知州王太云题赠"。

尧坝古牌坊（龙启权摄）

添寿堂与神仙洞

添寿堂位于进士牌坊石梯侧边，面积约500平方米，串架结构，是典型的川南传统民居四合院。院内宽敞明亮，院内天井面积约50平方米，有明朝古井一口。三方为厢楼，一方为家庭戏楼。临街的厢楼为诵经楼，楼前木雕精美古朴。

相邻不远处，还有一方形人工石洞，当地人谓之"神仙洞"。洞长二十余丈，宽丈余，高九尺，人可以自由通行。洞内冬暖夏凉，为天然避暑地。民国初年，肖美人（尧坝当地商人）在洞内开设鸦片烟馆，两边摆设数十张烟床，烟鬼们躺在烟床上吞云吐雾，无惊无扰，胜似神仙，因此得名。

川南影视城

尧坝古镇是有名的"川南影视城"，在此先后拍摄了《狂》《大鸿米店》《山风》《泸州起义》《英雄无界》《功夫骄子》等十余部影视片。导演凌子风、郭宝川、黄建中，影星许晴、尤勇、陶泽如、杨昆、石兰等相继在此地创作演绎过他们的作品。中央电视台《大风车》栏目也在这里拍摄过四川名小吃专题节目。

古镇保存完好的古建筑群，深得众多导演和影星钟爱，标志性建筑大鸿米店就是其中之一,导演黄健中曾在此执导拍摄过同名影片。大鸿米店位于老街中段,坐东向西,占地约 800 平方米,为清嘉庆年间武进士李跃龙所建。整个建筑采用江南风格的全木质雕栏穿花结构,分上下两层。里面是宽敞典雅的天井,两边相依环抱走廊,廊道雕梁画栋,通向精致典雅的楼阁,看上去峥嵘轩峻,古色古香。米店两侧高耸的封火墙完好如整,独具一格。

尧坝油纸伞(李贵平摄)

位于南街"S"形转折处的兴顺号也是影视人热捧的一个拍摄景点。兴顺号为二层房屋,视线开阔豁达,南北街景尽收眼底,电影《狂》片中蔡大嫂(许晴饰)和罗五爷(尤勇饰)之间发生的的男欢女爱的故事在此被演绎得淋漓尽致。遒劲有力的"兴顺号"三字牌匾系《狂》片总设计师杨占家为剧务需要而题写的。

鼓楼山

鼓楼山位于"两县两区"(合江县、叙永县、江阳区、纳溪区)结合部,长 8 千米,宽 2 至 6 千米,环山约 20 千米,以红砂岩丹霞地貌为主,属亚热带湿润季风气候,年平均气温 17℃,海拔 720 米至 786 米,森林覆盖率 70%。远眺高耸入云,雄奇壮观,山形如鼓,层峦叠嶂,呈条形山脊,四周山石岩层悬崖绝壁。除五条盘旋小道可进山外,四处悬崖,高不可攀。上山岩口有双锁关等二关封路,地形奇特,有"三关五寨"之说,历来乃兵家必争之地。明崇祯十七年(1644 年),张献忠入川,传说曾亲踏鼓楼,余部孙可旺率兵入山,此事在山上高峰寺碑文有记。石达开曾驻鼓楼,在此残留有"古石太平"四字。民国七年(1918 年),靖国军到鼓楼山剿匪,实行"歼首要,赦助从,缴械投降免死"的政策，瓦解了土匪。1950年解放军十五、十六军及地方部队开进此地，剿灭国民党匪帮近万人。

鼓楼山植被完好，以松杉、樟、贞楠、桫椤为主，四季繁花似锦，深秋层林尽染。云海、雾涛、雨林相间，景观奇特。山上景点繁多，东西兼顾，南北均衡，有鼓楼碑亭、三关、五寨、晒羞石、古石太平、石笋、星星崖、庙基遗址、八仙泉、聂龙辞祖、民俗度假村、凤凰苑、高峰寺、白云寺、鼓楼寺、云台寺、永丰寺、玉皇庙、贞节坟、剿匪古战场等。

其中的剿匪古战场位于古镇西五里处白岩至关口一线，此岩突出于群山之间，背靠鼓楼山，三面绝壁，山下沟壑纵横，山林密布。清道光年间有一条盘山古道——九道拐，九弯八绕可直上鼓楼。

尧坝东岳庙远景（李贵平摄）

建于明弘治（1488—1505年）年间的白云寺则位于鼓楼半山腰，始为道教所建。相传楚地苦行僧别伦漫游至此，见景色奇异，于乾隆丙子年（1756年）重建。后经多次扩建，道光三年（1824年）建成占地9000余平方米规模。寺内主要有关圣殿和大雄宝殿两大殿，各由六根石柱支撑。右侧有道观玉皇殿、南墓园、红豆古树、舍利塔等。左侧有北墓园、惜字亭两景观。寺前有五奇石，寺后有天生石神像。玉皇殿亦建于明弘治年间，高九米，宽六米，石头砌成，为三重飞檐结构，有道教"三生万物"之意，左右殿门分别刻有"日""月"二字，下有奇异花纹烘衬，为道教之日坛和月坛。白云寺虽历经几百年沧桑，仍庙宇巍峨，佛像赫奕，融佛、道为一体，以其独特的宗教文化、建筑艺术名扬川南。

仙顶山和朝山节

仙顶山位于尧坝西南，与鼓楼山对峙，同属于大娄山余脉，区域面积5平方千米，海拔

800 米，森林覆盖率 90%，山势高峻，泉水幽鸣，还有神仙洞腊肉、楠竹笋等山珍美味，是善男信女求神拜佛的好处所，更是游客乘兴游乐的理想地。后山孤峰高耸，林木茂盛，顶有一丈见方平台，四周远望，可见浩荡奔流的长江、赤水，以及相互对峙的笔架山与丁山。

仙顶山有仙顶寺，寺旁有一神仙洞，值得一游。神仙洞进深十余米，宽八米，在石壁上开凿而成，内有玉泉、刘珍塑像，三方共有十三尊菩萨，皆从石壁开凿而成，雕刻精湛，工艺微妙。内左侧石上有王佩超于乾隆五十二年（1787 年）十月十八题述喻明怀等为保家平安而修洞的记载。

仙顶山遍种桃树，每当春暖时节，当地山民喜欢登山看桃花，慢慢形成仙顶山朝山节的习俗，"桃花开时山神灵，仙女邀你仙顶行"。大家走崎岖山路，或往仙顶寺拈香，或去神仙洞祈福，沿途观沟壑烟，闻桃花香，不亦乐乎。

尧坝客栈（夏艳摄）

望娘滩和娘亲古榕

距古镇十里的喻嘴河中有二十四滩，岸边有二十四个半边山。相传，聂郎在河边草丛中拾到一颗宝珠，能使钱柜里的钱不断增长，让米坛里的米永用不绝。财主听说后上门夺这颗宝珠，聂郎在无可奈何之下，将宝珠吞入腹中，顿感口渴难忍，于是跑到河边喝水，喝着喝着，只听一声雷鸣，聂郎变成一条五彩金龙，顺流而去。聂母立即大声呼唤"儿啊"，每喊一声，五彩金龙便回头一次，每回头一次，岸边的山就崩掉一半，在河边形成一个滩。聂母喊了二十四声，五彩金龙回首二十四次，也就形成了二十四个望娘滩、二十四个半边山。这个故事在20世纪50年代创作成川剧，还改编为连环画。尧坝文人以半边山之"木"，望娘滩之"水"为题写了一幅对联，也颇有意思："杉楠樟桂，松柏梧桐林村树；江湖波浪，潇湘河海演沉浮"。

位于尧坝老街下半场的"娘亲古榕"（夏艳摄）

古老的传说还衍生出娘亲古榕的故事：聂郎化身五彩金龙辞母直奔东海后，聂母每日在一棵古榕树下翘首盼子，年深日久，抱憾离世，葬于树下，后人便把此树称为娘亲古榕。该榕树位于古镇街尾，高约10余丈，树龄近千年，四五人才能合围。树形如展开的巨伞，主干分三支向不同方向伸展。向上一支在两米处分为三支，虬枝盘旋，极似龙爪，又如九龙抢宝，龙首相聚，龙身各呈他状，纵横捭阖。主干上根蔓攀附，相互衍生，像母子之情，难舍难分。

九　车辋乡情十八年

我离开车辋已经十八年了，经常都想去游玩，由于工作繁忙，无暇常去，心里总有那么一点牵挂，那么一点缺失。在我的人生经历中，车辋是我很值得怀念的一站，我在那里工作了五年，那也是我最开心、最快乐的五年。

车辋场是一个依山而建的水码头，是夜郎古道上的一个历史文化古镇，合江八大古镇之一，历史悠久，辐射地域广阔。我到车辋之前，对车辋一点都不了解，连它在合江的什么地方也不清楚。去报到时，也是我的高中同学卢昌友陪同我一起去的。到那里任办公室秘书后，我有更多的机会了解车辋。当时对车辋的最深印象就是当地群众给我说的全乡（当时没有建镇）有"三山三溪"，说风景很好，同时也告诉我"车辋山头多，出门就爬坡"。那个时候的农村工作，机关干部都要深入农村第一线去开展工作，所以很快我就走遍了车辋的山山水水。在我的印象中，怀阳第一峰有可与乐山大佛媲美的天台山，有"丁峰耸翠"的佛教名山丁山，有状如五鸡齐鸣的奇山——五鸣山。

在车辋，秀丽的高山密林，层层的依山梯田，蓝蓝的山间水潭，清清的山谷溪流交相辉映，只要出门，看到的就是一幅美丽的图画。

赤水河支流黑蛮溪（龙启权摄）

再到车辋场，时过境迁，变化真的很大。往昔的古镇已经不复存在，展现在眼前的全是一栋栋楼房。一座新型集镇耸立在赤水河边。新集镇很美，但往昔那古朴古香的老街更让人深深地怀念。在历史的演变中，新的东西总是要替代旧的东西，但在替代的过程中又将历史的文化淹没，得与失总是在纠结的挣扎中延续。

车辆场镇不算大，集镇十分繁华，逢场天来赶集的人也特别多，由于山区少集镇，来赶集的人要在场上喝喝茶，吃过午饭买着物资回家，所以人气十分旺盛。茶文化是车辆的重要文化品牌，凡是到车辆的人都会到茶馆去喝杯茶，同时也听听来自大山里的精彩故事，如果你融入到乡民之中，或许还可以买到意想不到的宝贝。

　　由于时间较紧，我们在车辆场上只是跑马观花地寻找了一下曾经留下的足迹，在新区吃了点东西，便沿着黑蛮溪而上，经旧桥往天台山而去。这条路是我曾经走过多次的一条路，今又来重走，似乎已经很陌生。从车辆出发，走了近两个半小时才抵近天台山大佛寺。

车辆古镇一角（张采秀摄）

　　天台山是赤水河边的一个险峻而美丽的景点。天台山主峰海拔 1000 余米，直插云端，险峻雄伟，诸山环拱，奇石横亘，与四周丘陵河谷形成鲜明对比，为兵家必争之地。天台山主景区一半是四川所辖，是合江的重要景区；另一半却属于贵州领地，它属于赤水国家重点风景名胜区的八大景区之一。天台山风景区以主峰为中心，辐射数十里，是以山岳风光、云海日出、地鼓、丹霞奇石、天然壁画、夜景星象和古寺庙为主体景观的自然人文景区，旅游价值极高，自古以来就是合江、赤水著名的佛教圣地和市民休闲览胜的所在，素有"赤水览胜第一山""黔北胜景"等美誉。此山与太平天国"翼王西进"等历史事件密切相关。

　　走进山顶，庙宇内烛光交相辉映，只见奇景荟萃，令人目不暇接。在峰顶，寺庙如"擎天玉柱"，巧镂精雕，拔地而起，屹立于天地之间；"八仙过海"齐齐绘于庙中，惟妙惟肖，仿佛在各自施展着神通。天梯依山石而建，直入云端。这里是一幅幅生动的历史艺术画卷，同时也是大自然鬼斧神工的杰作：既是一篇篇深韵的抒情长诗，读后使人产生无限遐想；

又是一个个生动的历史故事,记载着远古文明的兴衰、繁华。

天台山四面陡坡,丛生树木苍翠欲滴,清碧水质淳灵剔透;各种野生花卉四季层叠,竞相开放;各种水鸟嬉戏于湖光山色,如诗如画。驻足其间,爽心悦肺;荡舟其境,烦忧尽散。

在车辋不光是天台山美,五鸣山、小金龙的风光也是美得无法言喻。那里山溪纵流,岩洞密布,瀑布叠影,密树成阵,只因未进行旅游开发,尚不为外人所知。我们安排考察的时间有限,只能选择离去。我想,将来一天,我一定要故地重游,因为那里有我青年时代留下的记忆,有我走村串户留下的深深脚印,有我相见如故的父老乡亲。

在天台山玩了半天,我们又忙着下山,去寻找赤水河边夜郎古道上更多的奥秘。我们沿着陡峭的山壁小路小心翼翼地下到山谷,直插白水溪到达赤水河边,踏上夜郎古道。

翻过白水溪,挺进铧简坝时大家已经十分疲惫。按照预定计划,第一天必须走百里路在赤水市宿营,因为我们的脚都走痛了,同行的一个兄弟的脚甚至打了血泡。在夜幕降临之时我们没有到达目的地,便在车辋镇鲜鱼村的一户农家住了下来。这家农户姓陈,是我认识的一个老朋友。早在1993年,当时龙济民在车辋乡政府任书记兼乡长,我是社会事务办主任兼武装助理员,为了积极改善乡里的交通条件,政府组织全乡人民修建车辋到赤水的公路,我们负责宣传工作,每天要用高音喇叭进行广播,我们的前线编辑播音室就设在这户人家,所以我们很熟悉。这次老朋友再见,更是热情,我们刚坐下一会儿就把鸡都杀了,盛情难却,我们也就没有坚持走。

赤水河横渡(李贵平摄)

在农村农户家借宿,早些时候是常有的事。记得在我17岁那年,刚高中毕业,我舅舅为了帮我找工作,带着我到泸州城找他在北京师范大学读过书的同学。那时家里很穷,没有钱坐车,老家到泸州是90多里的路程,我们是在晚饭后开始出发的,刚过分水岭我就不小心摔了一跤，脚踝很快肿起来，实在走不动了，舅舅就带我去借宿。当时已经是晚上两点多了，又是冬天，天气很冷，找了许多户人家他们都不开门。最后有一户人家开了门，我们说明了来意，但那家主人怕我们是坏人，不接纳。舅舅再三请求，才勉强同意。那时的农村都很穷，那家主人去抱来几个谷草垫放在堂屋中央，给了我们一床没有外套的被子，我们就这样睡了。那晚的借宿，虽然我脚很痛，但还是睡得很香。

今天这类事情已经很少了，特别是对于"90后"的年轻人，恐怕听都没有听说过。我们再次体验这种生活，真是别有一番滋味。那一晚，主人把他家最好的床和崭新的被子让给了我们，让我们感到温馨幸福。我们用盐开水洗了脚，早早地睡了，没有精力去听那哗哗的赤水河流水声，没有精神去品味那大山里的清新空气，睡得是那么香，那样的甜。

第二天我们还是早早地起了床，继续沿着赤水河边的小路而行。这一带地势开阔，稻田连片；赤水河环绕而上，河两岸沙坝连绵，河水不深，非常适合渔民捞鱼作业，故此，当地百姓称这个地段为鲜鱼坝。站在河边瞭望，东南边为高大的前锋嘴，西南边就是川黔交界处的赤水天然气化工厂。

看来我们的考察历程又向前跨进了一步，明天将踏上贵州的土地。漫步人生路也不过如此，路上有山有水，有坡有坎，有苦有难，有风有雨，但只要努力向着目标前进，最终离目标应该越来越近。

十　古道悠悠三角沱

过合龙溪，我们开始沿着赤水河谷上行，站在河边放眼望去，清澈的河水在阳光下荡漾着灵光，时而有小鱼在河边晃动，一条仅容一人通行的羊肠小道在河边向深山林子中慢慢延伸。经过了一个个沙滩，跨过了一条条小溪，穿越了一个个山岭，听到了河边渔民讲述的一个个故事。我对考证传说不感兴趣，我要的是前行时，体验那种脚踩着经历了多年风吹雨打的石阶，体验枯藤老树、古道西风、残阳流水的心情。穿越林间小道，没有工厂的烟雾，没有汽车的尾气，没有都市的拥挤和喧嚣，眼前只有烂漫的山花，只有葱郁的灌木，只有路边细水长流的小溪，伴我们一路欢歌笑语，在乡野间充满一种特别的美妙。

三角沱码头（龙启权摄）

在赤水河的沿途，到处都可以看到残砖破瓦的废墟，那是古道旁的凉亭，我们走累了，便坐下来歇一会儿，顺着弯弯曲曲的古道望去，仿佛看到了先人挑着沉重的担子艰难地行走——累了，也如我们，就在凉亭休憩一会儿继续赶路。幻影叠加，仿佛也看到父亲光着脚丫，沿这条路一次次往返家乡，用弯曲的背影支撑着我们一家的生活。

改革开放四十年，给我们的生活带来了巨大变化，无论到哪里都是水泥路、柏油路甚至是高速公路，货物装上汽车后马达一响，转眼到了目的地。古道边曾经居住的人家早已搬迁至公路边，村民曾经耕耘过的一丘丘水田被枯萎的杂草覆盖着闲置在那里。河边的路已经很难找到了，古道大多被杂草覆盖，遇到溪沟，往昔的竹木便桥更是荡然无存，要过去只有脱了鞋袜，赤脚跨进水里或田里，有时要涉几块田才能上岸。在田中行走本是农民们常有的事，我年轻时也经常下水种田，按照农民的说法"犁耙铲搭、铧编韭押、踩草上树、栽管除护"，我都干过一些，干农活还算懂行吧。那时光着脚丫在什么地上都能走，而今很少赤脚，双脚踩在泥土里，心里一阵悸动，生怕被田里的瓦片、残钉刺伤。这脚，早已没有了泥土的气息。同样，唯有在偏僻乡村，才能看到卷着裤腿赤脚蹒跚的老农。

三角沱是先市上行河段上的一个码头，这个码头由石头垒成。据当地人说，这个码头始建于唐朝，是连接人和、茅山等地的水陆通道。宽阔的河面自然形成回水沱，水流平稳，过去有许多船只在此停泊过夜。

渡河的乡民（郭可夫摄）

熟悉的三角沱让不少难忘的记忆涌上了我心头。在二十八岁那年，因工作调动，我从车辆调到了人和乡任武装部长。人和是个很偏僻的地方，当时没有公路，出门就是步行。我的老家在新店，每到周末，我便从人和走路回先市，再从先市坐车到新店，再走一小段田坎路回家。三角沱是人和到先市的大路中点站，有生意人在此叫卖东西，过往的人们都要在这地方小歇一会儿，我每次到此，也都要停下来歇一歇，平静一下心态，理清一下思路，欣赏一下风景。当时回一次家要大半天，但为了家，为了尽到一个家长的职责，又只得周周如此。其实那时候走路不累，因为有一种归属感和为生存而奔波的理念作支撑。而今想起那段艰苦的岁月，心里有无数的感慨，也为年轻时的坚强而自豪。

三角沱还有一个令我难忘的故事。那是1993年的秋天，我们车辆当时属先市区管辖，干部们经常要到先市开会，乡政府就买了一条小船，用于应急交通。有一天我同乡上的龙济民、李道钦、代育会、李政瑛、徐生琼等从先市开会回车辆，船至三角沱机器出问题熄火了，驾驶员袁云多方努力都不能点燃，船在河当中漂泊，随着水流慢慢下行。船体很小，船上又没有锚,如果继续这样漂是很容易翻船的,船上的许多女同志发出了惊叫声。当时的党委书记龙济民努力稳定大家的情绪,带着我们几个年轻的男同志下水,游着泳护着船向岸边靠。我们将船护到岸边,然后拖着船上行,直到找到安全地带,才把船靠岸固定,步行回车辋。许多年后大家谈起这事,都为当时的情景而害怕,同时也为当时的团结、勇敢而骄傲。

赤水河远景(李贵平摄)

三角沱以上,水流变得平缓,我们穿过白杨坡,便到了黄角湾。黄角湾是先市镇与车辋镇之间的一个主要渡口,这里因为有一棵很大的千年古榕树(当地人称黄桷树)而得名,从先市走路到车辋都从这里过河,这也是夜郎古道上的一个重要渡口。

二十年前我在车辋工作,那时很穷,每月工资不到一百元,为了节约坐船费,周末回家基本上都是走路,一走就是两个多小时。有时遇到晚上,船家不开船,我们就将衣服裤子脱下,用一个塑料袋装好固定在头上游泳过河。那时年轻,走路游泳都不累,而今想起那些岁月,虽然有些害怕,但还真有很多温馨让自己无法忘记。

沿黄角湾上行,道路变得宽敞平坦。二十年前,这一带河的两边全是蚕桑树,而今很少有农民养蚕了,桑树已经不见。眼前呈现给我们的,多是果树和菜地,还有就是亮堂堂的新式楼房。

十一　法王寺的前世今生

美丽的赤水河繁衍了源远流长的历史,也孕育了神奇的凤凰山。古老的法王寺就坐落在凤凰山上,是川南黔北有名的风景区和旅游胜地。昔有石燕飞旋、殿井海潮、玄珠吐露、天地水碧、迥龙吸浪、月亮长明、莲花现瑞、大佛环顾、白马常现、观音龙珠等十大自然胜景。寺庙周边竹树涛涌,溪水萦迴,鸟语喧闹,有红豆、银杏、岩红、福建柏、楠木及古樟、古柏、古松等国家保护树木,簇拥整个寺院,枝繁叶茂,蔽日遮天,万绿丛中掩映着碧瓦红墙,衬托出飞檐画阁,晨钟暮鼓,悠悠回荡。

法王寺大门(徐光银摄)

法王寺寺内甬道两侧,抢夺眼帘的是两株千年以上的银杏树,均高数十米,周长近5米。盛夏之际,茂密葱绿,犹如大伞遮掩,凉润心田;深秋时节,落叶撒金,将寺院点缀得古朴清幽;春暖花开时阵阵喷香,爽人襟怀,荡涤邪秽。

法王寺为宋代始建,是中国西部较早的寺院之一。元明时期香火渐旺,清代慈禧太后钦赐朝珠圣旨,谕法王寺为"十方丛林",使之闻名川黔渝。原庙内有大小红石柱228根,最长的12米,直径60厘米,是川南黔北渝西结合部石柱最多的寺庙,2万多株大树环绕着法王寺，其中有千年的银杏树，300多年的红豆树。庙内有万寿亭等独特的建筑，它使自然景观、人文景观交相辉映，佛教胜地与旅游胜地融为一体，为典型的"历史文化名胜旅游区"，该寺先后被省、市、县定为重点文物保护单位。周围现存有塔六座，其中有密檐式唐塔一座，单层唐塔三座，元塔和清塔各一座。

法王寺山门（张多思摄）

清初，佛教禅师破山大师、丈雪禅师，选定法王寺为蜀南黔北传法布道的寺院，以弘扬佛法。清乾隆庚申年，成都三圣寺高僧文逐禅师来法王寺任住持，承传临济法系。后经免宇、慧源、悟莲、德峰、果山等数代高僧勤勉创业，奏请《大藏经》，修藏经楼，建万寿亭，办佛学院，法王寺盛教昌隆，声名远播。

清同治十年，法王寺方丈果山，历尽艰辛，向皇上奏请《大藏经》一部，计724函、7168卷，令其"永远供奉，以光佛法"。法王寺被赐为"十方丛林"，可开期传戒。慈禧亲赐"法王禅寺"牌匾一块及半副銮仪护送藏经回寺。为报皇恩浩荡，历经十余年，法王寺建成万寿亭，以供奉圣旨、銮仪，从此"香火之盛甲于蜀南"。

现在的法王古刹占地8400平方米，建筑面积4800平方米，主要由山门、关圣殿、万寿亭、天王殿、大雄宝殿、藏经楼、佛学院、禅堂、观音殿及东西厢房构成。整个寺院皆选用红色石料，工程浩大、造型雄伟、雕刻精堪，为古刹建筑一大奇观，有"天下石工第一"之誉称，也是当前我国唯一的丹霞整石寺院。凡到过法王寺的人，都为此等恢弘倍感惊奇。

站在法王寺大门前远望凤凰山，群山连绵，绿树成荫，沟壑相间，鸟语成趣。两旁梯田迭起，稻叶泛翠。林木森森，花草飘香，清泉径流，清澈见底，时有飞鸟啼鸣，声声入耳动听。山间房屋依稀，偶有老屋将大山装点，林荫深处，似乎能闻到法王寺的香火气息。

山下林中有田,田中有水,尤如明珠高嵌,美不胜收。

法王寺是替皇帝修行的寺院,到处都可以看到当年皇恩浩荡的痕迹。在万寿亭楼下就镶有"圣旨"石碑,亭楼上供"当今皇帝万岁万岁万万岁"的九龙牌位。在中国古代历史上,各级官员只要见到像这样的圣旨碑或九龙牌位,文官必须下轿,武官必须下马,皆行三跪九叩之礼。

法王寺佛学院是很有名的佛学院,弟子遍及东南亚地区。建寺以来,法王寺的佛学传授以跟师学为主。1941年,法王寺正式创办佛学院,重庆缙云山汉藏教理院太虚大师为佛学院名誉院长,先后有全国各地高僧来院讲学。佛学院设有研究班和普通班,分别传授高深佛学理论和一般教义,多时有学僧百余人,直到1949年才解散。法王寺重新开放后第一届寺庙管委会主任明仁和尚、副主任洪能、演谛和尚均系佛学院第一期学僧。

法王寺大雄宝殿(徐光银摄)

我对法王寺算是很有感情的,到过法王寺不少于20次。第一次去是1987年夏天,是和几个一同教书的老师结伴朝山的,当时寺庙破烂,只有大雄宝殿、万寿亭、藏经楼和厢房,没有现在这么大的规模。我清楚记得大雄宝殿内的墙壁上挂着慈禧太后钦赐的牌匾,九龙透雕栩栩如生,所有的龙藏经都还在藏经楼里面的大柜子锁着,现在好像已经看不到了。

果山和尚生于嘉庆戊寅(1818年)年三月三日申时,是叙永人,十三岁入空门,始为僧会天恒的弟子,后留放法王寺。果山勤修佛法,苦攻儒学、古典诗文。1872年果山被勅赐主持寺院事务,以儒道之学传于弟子。后道焜、道莲、道封、道湛、道一、道海等弟子先后入寺,徒门兴旺。当时法王寺祖业年可收谷四百余石,但因法僧渐增,积累甚少,显得生食困难。果山令众僧减食省用,开垦荒土,营造树艺,勤俭治寺。不数年,困难过去,租谷增收,财喜赢余,寺院兴旺富裕,于是广进田地,买常业渐达十余契之多。

同治元年(1861年)七月,太平天国石达开部队转战合江,乡民为躲避战乱,纷纷逃入法王寺。果山和尚开寺门接纳,安抚乡民,并率寺内僧徒巩固城堡,修筑寨门,于凤凰山谷要道做好防范警戒,保证了百姓平安和寺庙安全。

继后,果山率弟子修建火神殿和钟鼓楼。修建完毕,他对师弟果端说:"我入寺以来,寺院逐渐兴旺,现基业已定,寺富谷丰,唯缺'藏经',难能弘扬法教,吾欲赴京师诣求,传教于后人,兴吾寺院。"即将寺内事务托于果端,自赴京师。经数年努力,赢得慈禧太后赐匾——法王禅寺,并得朝廷钦"大藏经"一部,于壬申年(1884 年)运回法王寺供奉。从此,法王寺名声大振,香火旺盛。

法王寺禅院一角(何莉摄)

在果山高僧的努力下,法王寺被勅赐为"十方丛林",创肇隆寺为直属寺庙。1901 年果山圆寂于肇隆,终年 83 岁(有碑记为 66 岁),葬于木鱼山养马寺西侧。

在法王寺周边,人人皆知果山乃大慈大悲之高僧,可见其品行已刻骨铭心。一个和尚在交通不便、信息不通的清末,自赴京师,请求勅赐,可见其抱负远大,思想深遂。其言必信、行必果之精神尤值今人学习。

而今的法王寺不光流传着众多的神话,更洋溢出神奇的美景。众多海内外信众闻讯纷至沓来,以了却多年朝山心愿,四方游人更是络绎不绝。往观者,无不赞叹法王寺为天地之大观,佛教之圣地。

现在法王寺山门前的平台上,有一块这样的牌子:"停车留空间,将来好回转;人情留一线,日后好相见。"生活留给我们的是无限的体验和思考,作为一个寺庙,留给我们的思考有很多,就看我们能不能去发现。

十二　周西成与九支城

　　刚毅与轻柔合二为一，成就了赤水河的秉性：两岸既有青山如黛"秀色可餐"，又不乏石林"面目狰狞"暗自涌动。

　　九支是赤水河中、下游的分界点，九支以下为下游，以上属中游。中游河段被誉为"美酒河""英雄河"，其自然风光也十分神奇秀美，清代诗人曾赞"此河泉于一身，汇秀水而东下"，河上滩滩相峙，湍急异常，白鹤飞翔，鱼儿跳跃；河岸杨柳婀娜，古树雄奇，竹林青翠，田畴稻香；两岸奇峰异石，逶迤起伏，峭壁悬崖，竞呈峥嵘。

　　此河上游河段沿岸的岩石稀松又呈红色，下雨就可以把河水染成赤红色，赤水河也因而得此名。其实河水在端阳节至重阳节呈红色，重阳节至次年端阳节却清澈无比。

周祠大门（李贵平摄）

　　我们到九支，寻找唐宋的古城遗址，转了一个多小时，问了不少老人，却没有人知道历史古城的遗址，不觉有些遗憾。于是我们走进周祠，虽然这里没有清朝以前的历史古迹，但周祠的建造风格还是值得一看的。

　　周祠是极具科研价值和文物价值的历史文化古迹，也是目前在九支保存较好的近、现代古建筑之一。

　　周祠是周西成所建。周西成，名世杰，字西成，号"继斌"，贵州省桐梓县人。他曾参加护国战争、护法战争、北伐,转战湘桂川黔;民国十二年,任川军暂编十二师师长;民国十三年率部进驻赤水县城,统辖黔北川南各县。其后,周西成一直坐镇赤水。民国十五年任贵州省主席、国民革命军二十五军军长,三年后与滇军作战阵亡。

周西成父亲早逝,兄妹俩靠母亲拉扯成人。其母李氏病故后,周西成肝肠寸断,誓为母建祠。他请阴阳踏地,从桐梓到赤水,最后选至赤水河左岸的"安居坝"。安居坝,"吉壤也。其北主山雄厚,脉势纡徐,两砂既回,护有情岸,山峦秀拔多致……"人说这儿是"风水宝地",取入土安居之意。

据说,九支安居坝是大地主田亮卿之地,周西成便备上厚礼求地。田亮卿一时拿不定主意,去请教赤水知名人士邹华轩。邹对田说,你田亮卿是九支有名的地主,今你收周西成一千,明年其部下难保不敲你一万,不如写一张地契给周西成葬母,倒得个人情。于是,田将地契送给周西成。周甚为高兴,投桃报李,委任田亮卿作了习水县县长。并委任自己的妹夫毛光翔监造这座由留法人士设计的宗祠。毛光翔,周西成桐梓集团的核心人物,也是该集团确定的第一继承人。毛是周的妹夫暨表弟,与周同时入伍,并随周的擢升步步登高。周受任国民革命军军长时,毛为副军长。

周母孝祠属于祠堂类建筑。《朱子家礼》立祠堂之制,始称家庙为祠堂。于是各强姓望族纷纷建祠立庙,宗祠遍天下。周祠,是一座中西合璧的二层楼房建筑,占地为11153平方米,建筑面积1052平方米。

九支周祠(李贵平摄)

周祠借用了国外的塔式造型,大门沿用了中国传统的牌坊式风格。其主体四柱三间,有两扇门,上有题版和匾额。大门正中有一长190厘米、宽70厘米的竖额,刻有"越荫长依"四个一尺见方的篆体字,其意为更加荫蔽长久的依托。这是毛光翔在周祠落成时"鞠躬恭贺"的。

大门两边的石柱上有石刻长联一副,上联:崇祠备贤母寿庆,绳祖武、且嗣徽音,孝思在显扬，勋业崔嵬辉百世；下联：民国有中流砥柱，共险夷、亦同休戚，茑萝施松柏，恩光照耀足千秋。此联作者极有可能是毛光翔。

周祠把寝堂建于楼上，神橱建于右侧。主体建筑祭堂（享堂）是一砖木结构的二层楼房。房前左右花台，正中有五级半圆形如意踏道，由此步入祭堂。堂前有廊，立有6根副阶檐柱，柱础上分别刻有一对石狮、仰莲瓣、蟾蜍等。祭堂面阔五间，开心间和次间为祭堂，稍间为寝堂。两稍间外为半圆形封闭式阳台。祭堂内悬挂着周西成父母遗像，存放着列祖列宗牌位。下有香案与祭台，台上有双龙戏珠浮雕图案，台侧挂有垂带，左右存放宗祠太师椅8把，两侧粉墙上有《关云长勒马望荆州》《岳母刺字》《三顾茅庐》等壁画。堂内单条、中堂、对联字画为贵州各界所赠，多出自名家之手，其内容为颂念词。祭堂后端正中有一垂带踏道上下，面阔五间，开心间为一大寝堂，堂前有廊，立6柱，柱础为石刻吉祥物造型，两侧有曲尺型扶手板梯登楼。二楼四周均有走廊，廊上有栏杆回护，楼上设寝室7间，内存放着3张具有晚清风格、雕刻精良的大木床。前廊开心间拱门上方，有一长268厘米、宽103厘米，为毛光翔撰的《周氏宗祠落成颂并序》石匾额，隶书，共900余字。

综观祭堂，柱下有础，柱顶檐下有浅浮雕装饰，柱间拱顶相连，并饰浅浮雕山水画或神仙造像。窗为可拉动式木百叶窗。寝堂均有藻井、浮雕及太极图等图案。祭堂后为宽大的院坝，两侧为四柱三间的粮仓，为祭祀和日常守护人员储存食粮之用。祭堂右侧为神橱，系平房建筑。

周祠，落成于1928年7月（农历五月），十分壮观，一时轰动赤水、九支，宾朋络绎，争相观瞻。登楼凭栏远眺，乌蒙远山叠翠高耸，滔滔赤水金波粼粼，十里安居平坝，稻海麦浪。祠与群山相偕相生，应答成景。这样的好景却不长，第二年周即在前线意外饮弹而亡。

作者（右三）和考察团专家在周西成故居前合影（张采秀摄）

作为省级文物保护单位的周祠，是宗祠中较少保存基本完整的祠堂，是研究民俗风俗、封建宗教的重要实物资料。周祠以其独特的中西合璧的建筑风格享誉川南,且地处川黔交界人流汇集的九支镇,其旅游价值不可低估。

九支历史悠久,文化底蕴深厚,历史名人也很多,梁业广就是现代有名的革命先驱。1903 年梁业广生于九支乡,后考入川南师范学校,1924 年参加中国共产党,1926 年赴广州参加农民运动讲习所,回来后参加刘伯承领导的泸州起义,起义失败后回到九支、龙洞、大井一带开展活动,筹建中共合江党组织,1927 年任赤合特支书记,分管赤水、九支一带党的工作,创办过《少年大众》《寒夜之华》等传播马列主义的刊物。1934 年梁被捕,在狱中受尽折磨,生命垂危,经党组织多方营救获保外就医,后因病过重逝世。

周华轩、廖月江、刘斯陶等都是从九支走出来的历史名人。他们对合江的历史贡献也是可歌可泣的。

我对九支的考查不多,对其悠久的历史有待更进一步考证。九支就像一个大山里的美女,养在深闺人不知,但愿有更多的人来研究她,解析她,还原她美丽的风貌。

离开九支,我们沿河边的古道而上到切角垭。在我童年的记忆中,切角垭一带全是小山连绵,只有一条石板路古道沿河而行,而现在这些小山已经不见了,切角垭成了赤水市新城区,已经高楼林立了。

十三 五通：石顶火炬燃川黔

五通镇是合江县西南部的一个边远乡镇，东邻合江九支镇、赤水市大同镇；南接叙永县大石乡、向林乡；西连纳溪区打古镇。赤水河从该镇镇域边沿缓缓流过，其支系穿越全境，形成了山水相间的独特自然景观。镇内的红色文化、苗族文化、佛教文化内涵独特，在赤水河边形成了一道靓丽的风景。

石顶山属川南山区的地貌特点，由丘陵、台地、低山组合而形成。这里气候温和，雨量充沛，冬暖春早，夏热秋凉，四季分明，湿度日照均衡，因有小石顶大石（风动石）的奇观而得名。景区内怪石成景，奇峰突起，飞瀑流泉，植被原始，拥有"风动石""凤凰长翅""生命之源"和"象鼻坡"等 30 余个独特的自然景点，山顶寺庙内供奉清乾隆御笔川黔分界碑。在石顶山人们可以实现"脚踏"两省的心愿，是休闲观光的胜地。

走进五通总有说不完的话语，到处都是风景，遍地都有传说。其中，峡谷"胡桥沟"是个美丽的景点。沟内峰媚岭秀，景色优美，谷底翠竹繁茂，山间林木葱茏，溪边奇形怪状的丹霞石星罗棋布，水中天然植物盆景和丹霞石相映成趣。路旁桫椤、小金花茶等国家一级保护的珍稀植物随处可见。沟底山泉骤鸣，淙淙作响；百鸟歌唱，虫鸣啾啾；五彩斑斓的蝴蝶、蜻蜓，争相在游人眼前身后追逐嬉戏；过古道石桥，穿翠竹绿荫，听涛鸣溪唱，望满山滴翠，真乃神仙去处。

五通老街一角（张采秀摄）

在胡桥沟有一座小庙叫"胡桥沟庙",庙虽然不大,但闻名川黔,庙内供奉的是"送子菩萨"。每年都有很多"信仰者"在此敬奉"送子娘娘",来此还愿,共享美食。通常一家"还愿",得摆上一二十桌,远近群众闻讯都可以前来沾喜,场面热闹。

小庙附近还有两处奇特的自然景观,一处是位于石顶山半山腰的一座石峰,型状与男性生殖器非常相像。该石峰高达近 10 米,直径达 3 米多,底部杂草繁茂,远处望去,雄壮挺拔;另一处是两尊石头互相重叠,与男性睾丸极其相似。无独有偶,距离石顶山约 30 多里的贵州省赤水市复兴镇的复兴山上,也有一座正对石顶山的石洞自然景观,洞高近 4 米,常年流水潺潺,凉爽而湿润,四周小草嫩绿,岩石层层褶皱形成了一个和女性外生殖器非常相似的形状。这些奇特的自然景观被当地群众称为"生命之源",被赋予了丰富的传奇色彩。

五通场尾焦张氏节孝牌坊(张采秀摄)

锅圈岩是个三面环山,瀑布相连,林竹密布,花草留香的好去处。这里地形像一口巨大的铁锅,岩底有一潭水,溪水潺潺,冬暖夏凉,香花满地,风光秀美。

五通还有一个山洞被当乡民称为"红军洞",这是一个独特的丹霞整石岩洞,岩洞口宽 65 米,洞深 28 米,洞高 8.5 米;洞口有一小溪流过,洞内地势宽敞,热天凉爽宜人,是避暑的绝佳地点。当年石顶山革命武装起义期间,战士就在洞内进行炊事,灶台等遗迹现仍依稀可见。

桂林园是石顶山革命武装起义指挥部遗址,早在 1861 年就建成了,占地面积 2124 平方米,为四合院布局,悬山顶穿斗式结构,顶覆小青瓦,现为省级文物保护单位。因过去房屋周围种满桂圆树,故得此名。

月台山是石顶山革命武装起义会议遗址,位于该山中部。20 年代以前月台山是一古庙,庙前方设置有烧香祈祷的露天拜台。每当月明风高,拜台便烟雾缭绕,夜间来烧香祈祷的信众更显神情肃穆，虔诚至极。这里曾是当初石顶山起义的重要军事设施，是余德章率领的起义部队和李清泉领导的赤卫队在石顶山的会师地点，也是武装起义部队经常开会的地方。

万里湖是个风景秀美的景区，它横跨合江、叙永两个县，位于五通镇大沙村及叙永县向林乡地界处。水域辽阔，碧草连天，轻波万里，山水相映，四周环境优美。传说该湖是袁化在石顶山道观修炼期间洗澡用的浴缸。

五通古街革命战斗遗址现在是镇人民政府所在地，有一条保存相对完好的古街，分为符西街（老街）、文化街（新街）两部分。老街古建筑为清末民初所建，共有三段石板路，两段东西走向，一段南北走向，街面全为条石构筑而成，路面略呈拱形。西端与五通场尾黄果树群相连，旁边有一座清代焦张氏贞节牌坊，牌坊高大雄伟，雕刻精美，独具特色，是目前泸州保存较好的古牌坊之一。

五通石顶山（张采秀摄）

五通现有苗族同胞2000余人，他们自称祖先是先秦时由湘西辗转长江进入赤水河一带定居下来的，以熊、杨、高、王、侯姓为主。苗族同胞历来都生活在偏远的乡村，生活十分艰苦，这也铸就了他们勤劳朴实、吃苦耐劳、善良好客与抑强扶弱的民族特性。他们能歌善舞，不仅擅长吹芦笙、吹木叶、对歌、跳竹竿舞等，而且杂技艺术特色鲜明，韵味十足，惊险刺激，一看表演，就知其功底深厚。

五通苗族杂技很有名，它在继承本民族文化精髓的基础上，融合了巴蜀文化、夜郎文化等地域特色，形成了独特而惊险的艺术风格，曾经走进过中央电视台《神州大舞台》《乡约》等栏目，在国内产生了一定影响。

农历正月初一到十五的"踩山节"是五通苗族的传统节日，也是苗族访友走亲的日子，更是族中青年男女相知相恋的好日子，一般由巡游、拦路酒、祭竿、踩山、文艺表演、赛歌等环节构成。文艺表演主要包括独木舟、脚踩鸡蛋、颈缠钢筋、嘴叼自行车、魔术、上刀山等形式，其中"独木舟"是青年苗族同胞谈情说爱的一种浪漫表现形式。只见男青年用一根楠竹在比较大的湖泊、水库、河流等水域中表演特技，同时奏起优美的芦笙曲、木叶调，唱起动情的山歌，引来女青年羡慕围看。若有哪个姑娘对小伙子中意，就与之对歌。苗族表演节目中，"上刀山"独具功底，表演者赤脚踩着一把把刀刃，爬上十多米的独杆的同时，还要舞弄各种节目，更添观赏性和刺激性。这种表演和撑独木船一样，都有取悦青年女性的目的。

行文至此，我们不得不认真叙述一下五通有名的石顶山红色起义。1934 年 11 月，红军长征到达贵州。为牵制川黔军阀，支援红军的行动，中共泸县县委在总结策反黔军侯之担部失败的经验教训后，决定在我党已掌握的五通、金宝山团防武装的基础上，于川南黔北举行武装起义，并派县委委员李亚群以教师身份前往赤水、合江开展地下工作，一面整顿遭敌人破坏的党团组织，一面秘密组织武装起义。随后，中心县委又派杨其生等人前来协助。川南黔北一带的苗族同胞在接到杨其生派人带来的准备起义的消息后，积极着手准备，一场风暴开始在平静的石顶山地区酝酿形成。

五通古街（龙启权摄）

1935 年 1 月，李亚群、杨其生、余德彰、冯剑魂等人在桂林园举行会议，把起义时间定为农历二月初六（3 月 10 日），起义部队称为"川滇黔边区工农红军游击队"（赤合游击队），下辖两个中队、两个赤卫队。杨其生、李亚群担任游击队的队长和政委。

起义的当晚，游击队决定夜袭大洞场团防局，以解决起义队伍枪枝弹药短缺的困难。队长杨其生宣布行动计划、行军纪律、口令、行军标识等事宜后，部队乘夜急行，于鸡叫二遍时抵达大洞场，随即向团防局发动袭击。大洞场的团防武装毫无防备，在游击队的突然打击下，很快成了俘虏，仅逃掉团防队长等少数几人。此役共缴获 30 多枝枪和 2000 多发子弹。

石顶山武装起义以及游击队夜袭大洞场的消息很快传开，在民众中产生了很大影响。川黔两省军阀为将游击队扼杀在摇篮中，在 3 月中旬调集部队及地方团防武装，从四川打鼓场、五通场和赤水大洞场三个方向向石顶山聚集，对游击队实施围剿。游击队利用有利地形和对山林熟悉的优势，袭击了来五通紧急布防的黔军侯之担的一个营和从合江县城调来的三个团练中队，共计500多人，夺取了五通老庙上的制高点，再趁敌人立足未稳、地形不熟之时，采取偷袭合围的战术，消灭了敌方一个中队的兵力，然后按计划转移，将部队撤至牛王坳一带集结，谱写了一曲红色革命的战歌。

4月初，游击队在牛王坳与清山的敌人发生遭遇战，杨其生在战斗中牺牲，剩下的队员在冯剑魂率领下，掩护政委李亚群突出重围。以后，冯剑魂在石顶山周围召集一批游击队员，转移至宝元、元厚一带的深山中隐蔽下来，继续坚持战斗。

石顶山起义牵制了敌人，配合了红军的行动，减轻了红军的压力，在川南黔北地区革命斗争史上留下光辉的一页。

十四　千年古城复兴镇

在我的记忆中，仁怀和复兴是我非常熟悉的名字。我小的时候，父母经常说起仁怀厅，当时说的仁怀厅指的是现在的赤水。因为我有一个亲戚在复兴场附近的山上，哥哥多次前去看望。由于那时家里很穷，根本没有钱坐车、坐船，他每次去都是步行。我老家到复兴，有一百多里路程，通常是早上天没亮就出发，要晚上才能到，哥哥回来总向我提起走路的艰辛。我十七岁就当兵去了，由于家里穷，弟弟小学毕业就没有再读书，十四岁起就到复兴上面去背短木材回家卖，攒几个脚步钱。我请假回来听父母说，有一次弟弟在复兴半山腰里背木材，遇到大雨造成的山体滑坡，差一点被埋在大山里，好在被当地群众及时发现后救了出来。我听说后哭了，哭得很伤心。从此复兴这个名字就一直铭刻在我心里，磨灭不了。

复兴江西会馆（龙启权摄）

根据合江出土的春秋战国时期文物和大量的汉代画像石棺来看，早在新石器时期，赤水河中下游地区就有人类活动。最近复兴镇马鞍山岩墓群中出土了部分陶、瓷、铜、铁等生活用具与生产工具。这与泸州地区出土的文物一脉相承，说明复兴一带受巴蜀文化影响较大，古代该区域与以北的川江流域有较频繁的经贸往来。

根据赤水市文史资料记载，北宋大观三年（1109年）复兴场为仁怀厅治所，辖现今赤水、习水、仁怀三县（市）。宣和三年（1121年）以后，先后改建为怀阳县、播州长官司仁怀里治所，属于该区域当时的政治、经济和文化中心。在明万历二十五年至万历二十八年（1597—1600年）发生的平定播州之乱中，复兴惨遭兵祸，房屋损毁严重。此后，新建仁怀县迁至留元坝（现赤水市），复兴以"老仁怀"相称，并将此名镌刻于场口的石牌坊（俗称砟子门）上。此后，由于区域建制和治所的调整，复兴的知名度有所下降，但随着"太平军过境入川""红军长征途中大战川军"等重大历史事件的发生，复兴的影响力又得到较大的提升。

根据《赤水县志》记载，太平军石达开和中国工农红军先后在复兴境内战斗过，留下了许多遗迹和可歌可泣的故事。红军复兴场战斗，是中国工农红军长征时期毛泽东同志指挥"四渡赤水"的经典战役之一。1935年1月27日晨，红一军团二师与川军达凤冈、章安平旅在复兴场白岩背、水脑上、袁家田、红岩寺等地展开战斗。红军巧施"调虎离山"之计，经过一天的激战，成功撤离战斗，为主力部队顺利渡过赤水河争取了宝贵时间。

彭华教授和张铭博士在玉米地里记录疑似元代石狮（张采秀摄）

复兴倚山临水，赤水河穿流而过，两岸丹霞奇石密布，森林茂密，秀竹依依。场镇历史悠久，人文荟萃，文物古迹众多。凉厅子、江西会馆、天后宫、禹后宫、南华宫、关帝宫、王爷庙、朝阳寺等曾经影响较大。古建筑造型别致，工艺精湛，保护较好——江西会馆、汉代古墓群、观音角、鱼箭山、红岩寺和红军战斗遗址至今还清晰可见。

现在老街上还有相当数量的木结构古民居，基本能再现清代历史风貌和民俗特色，其中保存较完好的要数江西会馆。据赤水市博物馆馆长韦玮所写的解说词，江西会馆建于清道光十二年（1832年），光绪八年（1882年）被火焚烧，宣统二年（1910年）重建。建筑面积1200余平方米，有山门、古戏台、天井、正殿、后殿、厢房等。山门为圆拱形门洞，上方有戏剧人物高浮雕图案，两边有石刻对联。古戏台由八棱形石柱和圆形石柱支撑，戏台的围边、斜撑、柱础、雀替等遍刻花鸟草虫、动物、戏剧故事等高浮雕、圆雕或透雕图案。戏台前边为天井，天井两边为厢房和男宾楼、女宾楼。

万寿宫是江西会馆非常精美的古建筑体，主要由山门、戏楼、两厢、杨泗殿、后厢、许真君祠等六个部分组成，为砖石结构牌楼式建筑。门额正中有高浮雕许真君及"八仙"图，两侧有对联："庙祀怀阳洪进恩波通赤水；神宗江右庐山灵气接黔峰。"

戏楼是江西会馆建筑的精髓之处。该戏楼为穿斗式歇山顶青筒瓦木结构，是一座四角单檐平脊斗拱的阁楼建筑，上为藻井，中为戏台，下为骑楼过道，后台为演员休息室和化妆室，底层还有通道。整个建筑主体保存较好，楼宇设计科学，构图独特，雕刻精美，文化内涵丰富。

在贵州省仁怀市赤水河流进行田野考察（张采秀摄）

许真君祠是江西会馆的一个景点。许真君原名许逊，是东晋时江西的一名道士，他为当地老百姓做过很多好事。后来，人们为他建起了许真君祠。宋徽宗特别推崇道家，在位时命人将许真君祠扩建并亲笔题写了"玉隆万寿宫"。从此以后，江西籍商人们带着他们的信仰到全国各地经商，所到之处都建起了万寿宫来作为他们的会馆，以至于万寿宫成为江西会馆的代称。

复兴场是赤水河中游地区的重要商贸场镇和水运码头。自明代起，川盐沿赤水河逆行进入该镇境内，这里成为著名的川盐及布匹等工业品入黔之"仁岸"的重要组成部分，商贾云集，市场繁荣。

在我国的古代历史上，盐一直被视为政治商品。它既是人们日常生活的必需品，又是国家税收的重要来源,所以盐的销售与运输完全由官方垄断,实行专商引岸。由于贵州素不产盐,所以当地人民深受缺盐之苦。清乾隆元年(1736年),四川巡抚黄廷桂将川盐入黔的水道划定为永、仁、綦、涪四岸;清光绪三年(1877年),四川总督丁宝桢开办黔边官运,设永宁、仁怀、綦江、涪州四个局,行盐贵州全省。其运输路线主要走仁岸,即由自贡(时属富顺地域。古代贵州用盐主要来自富顺)运至泸州又下至合江,从合江县城入赤水河,上溯抵达茅台,再以陆路通过背夫运到鸭溪、金沙、遵义、贵阳、安顺等地。

　　盐运促进了复兴的发展繁荣,复兴也因交通的快速发展使得盐运手段多样化,从而使得这个偏僻小镇变得颇负盛名,成为这一地域的经济、政治、文化中心。也正因为如此,这个千年古镇的历史风貌才得以保存下来,有这么多的文物古迹留到今天,使得这个地方古朴、美丽。

十五　旺隆镇的红色记忆

旺隆镇是赤水河边的一个山区小镇，其历史沿革并不久远，地域特点也不明显，但它独特的红色文化却留给了人们深深的记忆，让人记住了她的隽永韵味。

旺隆镇东与葫市镇接壤，南连丙安乡，西与天台镇毗邻，北与白云乡相连。镇区地势处于丘陵和低中河谷地段，山谷和高山构成镇域地貌。

我三十年前就到过旺隆场，当时交通还不发达，我从赤水坐车到太平镇中途停留，吃了一顿午饭。在我的记忆中，旺隆场距赤水县城近百华里，去那里要经过盘山公路七里坎。七里坎是一个非常险峻的地方，公路九曲盘旋，山高路陡。致使其在军事上十分重要，红军长征时在此进行了一次激烈的战斗，牺牲惨重（后述）。

旺隆镇赤水河（李刚摄）

旺隆场建在半山坡上，规模很小，一条狭窄而弯弯曲曲的石板街穿场而过，长不及三百米，街两侧多为店铺、饭馆、茶馆、旅店，是赤水县境几个不临河的场镇之一，但由于乡脚宽（服务半径大），逢场天十分热闹。清同治元年（1862年），太平军石达开部经过这里，战火毁灭了老场镇。后重新修复时，在场头场尾分别建立栅门，以防匪患。

走进旺隆镇，最让人留意的要算金钗石斛。金钗石斛是我国稀有的名贵中药材，被李时珍称为"千年润""千金草""仙草花"，被国际药物界称为"药界大熊猫""中华九大仙草之首"。石斛性寒、味甘，具有益胃生津、滋阴清热等功效，用于治疗阴伤津少、口干烦渴、食少干呕等症,对脑血管、消化系统和呼吸系统、眼科等疾病有明显治疗作用。其花有白色、紫色、红色多种,既是名贵中药,又具观赏价值,特别是现在成片地种植后,花开时节,艳遍山野。

赤水河流域由于受巴蜀文化影响较深,医药文化底蕴深厚,民间对金钗石斛颇多好评,誉其"人间仙草"。正因为它与"仙草"连在一起,便蒙上了一层神秘色彩。现在赤水河沿岸乡镇大多都在种植,合江县甚至作为农业产业中的重要产业来大力发展,赤水旺隆镇更是当作核心产业,到处都能见它的身影。

人间仙草金钗石斛(李光华摄)

旺隆镇药农告诉我这样一个传说:赤水河盐工拉船背盐时,口干舌燥,无意中发现黄桷树上生长的吊兰花(金钗石斛的别名),随手摘下嘴嚼,味道极苦,可过后就感到满嘴生津,神清气爽。消息传开,当地人就开始用金钗石斛熬汤,用来清嗓润喉,预防疾病。石达开率领太平军先后两次过境,由于不服川黔水土,出现头痛脑热、心跳骤速等症状,让石达开焦虑不安。当得知金钗石斛的药用功效后,他惊喜万分,立即下令采回用大锅熬煮。官兵服用后,病情立缓,精神倍增。

旺隆镇的红色记忆给人的印象很深,这里发生过很多传奇故事。1935年1月"遵义会议"以后,中央红军欲与活动在川陕一带的红四方面军会合,决定挥戈北上。1月22日到24日,在击破沿途黔军零星部队阻击后,右路军红一军团进抵温水;左路军红三军团由花秋坝经放牛坪进至兴隆场,23日进至临江场,24日进至土城东南地域。按照当时的作战方案,中央红军分两路准备夺取赤水和合江,进军泸州渡江北上。

1月24日,中革军委向各部部署25日行动:红一军团占领元厚、土城地域后,以主力向赤水方向进发,另以一部兵力由猿猴、土城一线渡过赤水河,驱逐西岸溃逃之敌于远距离外；红九军团袭占习水，经官渡向合江推进；红三军团进至土城以东地域，准备26日前进至猿猴（今元厚）附近并渡河北上。现在看来，红军当时对敌军战略意图有些误判，作为红军前线指挥官，无论是陈光、刘亚楼，还是李聚奎、黄苏，都没有预料到川军对红军完全是一种穷凶极恶、包围分割的作战意图。据史料记载，当时从九支进入赤水的敌军达凤冈旅已于当日派出两个团进至距赤水县城 9 千米的复兴场，而先市的章安平旅两个团也由先市渡过赤水河，经车辆进入赤水县境，并沿赤水河东南岸向土城方向推进，赤水县城周边顿呈重兵态势。

赤水河沿岸，保留着很多红军四渡赤水时的遗迹（张采秀摄）

七里坎战斗是红军在赤水城北进行的一场非常艰苦的战斗。26日拂晓，红一师按预定计划行动，黄永胜、林龙发的红三团第一营第一连两个排向赤水方向侦察前进。9时左右，刚翻过七里坎进至距赤水县城 6 千米的黄陂洞东南侧的癞子湾，突然与正向土城疾进的章安平旅第一团尖兵狭路相逢。枪声一响，章旅第一团团长彭选高即令该团一营抢占红一师右翼高地，机枪连占领阵地后向红三团开火，掩护团主力沿道路东北侧横亘南北的一线高地展开，向红一师主力实施火力压制。这地方是个葫芦口地形，两翼一面被彭团第一营抢先占领，另一面原来就筑有的碉堡正被彭团主力利用，两翼火力死死地把红三团锁在狭窄地面，红一师兵力根本无法展开。黄永胜、林龙指挥部队多次争夺彭团一营所占高地，但因受到另一翼碉堡火力猛烈侧射，始终不占上风。好在红三团一支奇兵从密林中向敌左翼阵地迂回，击毙敌机枪排长和部分士兵，才使困境有所缓解。这时，敌军章安平率旅主力第三团也增援上来，一边架上迫击炮向红一师猛烈轰击，一边以朱果率领的第三团左侧背抄袭，抢占鸡公岩等高地，把红一师压缩在很小的区域内，形势十分危急。红一师指挥员李聚奎急令参谋长耿飚亲率师主力展开战斗，杨得志、黎林带领红一团攀上黄陂洞东南一线高地，以猛烈的火力向章旅实施打击，使其多次组织仰攻均遭压制，敌军这才被迫退至重盘山附近。

利用此战机,红三团也终于从章旅一团手中夺取了右翼高地。但红一师再想向前推进已经很难了,双方被牵制在一条叫做"河底下"的小河谷两边。史料记载,两军在此地打了若干个回合,反复争夺鸡公岩、黄陂洞、三块石、月亮田一带高地。

战至当日 15:00,达凤冈旅之黄团又从铁匠炉附近赶至黄陂洞增援,川军气焰更增。章安平还令人砍开马驮上的几口装满银元的大皮箱,声称:"谁冲上了三块石,赏洋三块!"重赏之下必有勇夫,川军在白花花现大洋刺激下,从三块石东侧小桥悄悄迂回到红军阵地侧后,突然发起偷袭。此时的红军官兵正在吃饭,猝不及防,当下伤亡了百余人,仅在一个叫"小生田"的平顶高地上,就有 30 余名红军阵亡,有些战士牺牲时口中还含着尚未下咽的米饭。这次战斗红一师伤亡甚大,红三团连排干部已折损大半,李聚奎、黄苏只得下令全师撤出战斗。

在得知红一师黄陂洞受挫后,率红一军团军团部进驻丙滩(今丙安)的林彪即令陈光、刘亚楼于次日率红二师"攻取复兴场并迅速向赤水推进",迫使黄陂洞之敌回援,减轻红一师的压力。陈光、刘亚楼迅速抢占了复兴场附近白岩背、水脑上、袁家田、红岩寺等高地,在白岩背一线与川军达凤冈旅展开激烈战斗。红二师一部在一位名叫欧阳鑫的指挥员指挥下,冲进复兴场,将敌逐退至场北侧化营高地一线。川军章安平旅一部果然如林彪预测,急急从黄陂洞赶来增援,使黄陂洞红一师压力顿减,得以迅速翻过七里坎,顺利摆脱敌人。

红一师撤至旺隆场并在附近群众中安置了 64 名伤员,其掩护部队在七里坎一线重创章安平旅第三团一部,以伤亡 6 人的代价,毙伤俘敌 80 余人。下午时分,章旅第三团追至白杨坎,遭红一师后卫小分队阻击,双方激战两小时,弹药耗尽后进入白刃格斗,由于缺乏外援,最后这支红军小分队战士全部壮烈牺牲,谱写了又一曲悲壮的战歌。(以上资料主要来源于《中共赤水市党史资料》该书是赤水市委组织部牵头,抽调有关人员编写的"红军长征在赤水境内相关史料",没有公开出版,属地方内部资料。)

十六　竹涛林海葫市镇

赤水河从葫市镇下方静静地流过，翻滚着一个关于楠竹的传说。当地老人讲，这一地区原本没有楠竹，在很多很多年前，有一位名叫黎理泰的年轻人，从东海之滨的福建搬来了三株楠竹栽种。楠竹依靠赤水河地域肥美的绿水滋养，加上人辛勤的汗水浇灌，这三株楠竹逐渐繁衍成了一片又一片葱绿的竹林。

葫市镇的野竹坪国家森林公园，以浩瀚的"竹海"风光为主，形成了许多奇特的景观。据赤水市政府公布的数据，公园内有楠竹约 113 平方千米，主要分布在赤水河岸边的二级台地以上区域，在群山峻岭间婆婆摇曳，哗哗作响。

旅游部门在公园制高点上，为方便游客参观、摄影，专门建了一座"观海楼"。此楼高 6 层达 26 米，造型别致，匹配绿竹。其上观景，竹海全貌尽收。一望无际的莽莽绿原，铺山盖岭。山风吹过，万顷碧波，如春潮滚滚，似奔浪排空。竹涛阵阵，那清新、洁白、舒心的云雾随风波动，又如一层薄纱轻揉葱绿，使山峰时隐，使绿竹时现。

不光竹海让人震撼，景区独特的自然景观也十分抢眼，"天锣""地瀑""八仙树""夫妻树"等如人工刻意剪裁，妙不可言。

中国侏椤纪公园（曾强摄）

在此区域，春天山花烂漫，夏秋珍禽异兽，隆冬遍地冰晶，都或跳或跃，或艳或馥，竞奔脑海,尤为可叹的是,那在地下熬过冻地冰天的"炼狱"之后的成片竹笋,冲破陈年积土,掀翻狰狞顽石,迎着春风旭日,直指蓝天的情景,蔚为观止。

竹笋特产是葫市很有名的天然保健食品,远销赤水河流域内外。竹笋内含丰富的高蛋白、低脂肪、多纤维,具有人体必须的磷、镁、铁、钙等营养元素。尤其是楠竹黄笋与楠竹冬笋,前者因色泽似玉,形如兰花瓣而得名,可生吃,可制作玉兰片;后者作保鲜处理,一年四季可不变味。这些产品多数通过泸州、成都等地中转远销。

葫市竹筷很有名气,成批量生产是1972年建立起集体企业竹制品厂后才开始的。过去都是利用传统方式生产普通白筷和印花筷,后来逐步发展成漂白筷、双生筷、油漆筷、工艺礼品筷。工厂过去用手工操作,现在发展成为机械化生产竹筷。表面光洁油亮、色彩古朴雅致,图案种类繁多,清晰美观,具有耐碱,抗高温的特点。

赤水河流经贵州高原(龙启权摄)

葫市竹刻工艺品富有文化内涵,工艺手法分为竹面雕刻和主题雕刻两大类,线刻、深刻(阴刻)和浮雕、透雕、留青、园雕、镶嵌(阳刻)。线雕是用雕刀在竹面上留下痕线制成各种图案,如山水花卉、飞禽走兽、古今人物、书法;而阳刻将"刻"和"雕"相结合,刻出的图案更富有主题形象,如选用壁厚节密的竹根,通过精雕细刻,在其上将人物、动物、植物表现得淋漓尽致。

葫市之美可见一斑,高山流水、茂林修竹,各种原始自然风景点近百个中,尤以国家级桫椤自然保护区——中国侏椤纪公园盛誉国内外。

葫市镇内的摩岩造像很有名,位于赤水河滩右岸石壁上。清代前,赤水、习水都属四川辖制,造像风格带有巴蜀文化明显印记,与合江的摩崖造像一脉相承。黔北摩崖造像有习水望仙台、赤水石鹅嘴、葫市摩崖三处。佛像有单躯、三躯、五躯之分,多以佛、菩萨、护法为题材,也有手提青龙偃月刀的关公造像。这些佛像紧靠王爷庙废墟,为全身浮雕,分上下两龛,共15尊,大者高1.2米,小者0.5米,有侧身而立的,有正面端坐的,姿态各异,形象生动。头戴宝冠的大佛,袖手结跏趺坐于须弥座上,身着袈装,雕纹细致流畅。

一般大佛双目微合，两耳肥大，头稍前倾，表情严肃。莲花座上的观音，身披璎珞，丰腴而不肥胖，秀丽而不羸弱，面相慈祥。美髯关公，身跨枣红马，手提偃月刀，双目炯炯，威仪可畏。其他造像，在艺术处理上亦各具特点。

葫市境内多山，沟谷纵横，河流、水系发达，除赤水河外还有葫市沟、金沙沟、燕溪子、闷头溪、楠木沟、小关子 6 条，这些溪沟流量大，河床深切，落差明显，蕴藏着丰富的可开发水能资源。

葫市境内地貌类型多样，地表呈现中生代侏罗系、白垩系地层，岩性为陆相沉积砂岩、泥岩，生态适应性较为广泛，适宜各种亚热带植物生长繁衍。

赤水桫椤国家自然保护区被科学家们称为"桫椤避难所"，是我国第一个国家级桫椤自然保护区，位于葫市镇境内的金沙沟。这里山高谷深，重峦叠嶂，保持着较为良好的原始生态环境。桫椤数量更多达 4 万余株。它们结构典型，类型多样，树形优美。保护区内还有其他珍稀植物，如很有特色的小黄花茶，以及福建柏、杜仲、红花木莲、楠木、八角莲、黄莲和天麻等。

葫市镇留给我的印象是深刻的。那里不光是林涛竹海气势宏伟，更让人难忘的是走进大森林后，一种让心灵的重压释放、让羁押的情感放飞的感觉。人们生活在被矛盾包裹的空间里，情感与灵魂常常被纷繁复杂的社会常态挤压得喘不过气来。我们都希望有一块能让人清闲静修的大地，但生活中在何处找寻？当生活和工作的羁縻让人无法喘息的时候，独自走进楠竹林、走进桫椤群，品味那种别样的风景，享受那种独有的清静，清洗心扉，放飞心情，何尝不是一种快乐事？

十七　大同古镇

赤水河沿着四川盆地边沿,逐渐向云贵高原延伸,整个河床从切角垭往上,河道开始变得狭窄,但仍能通航,偶尔可以见到船工们的影子,有时还能听到船工号子。在不经意间,我们看到河上有几个孩子在划着小木船过河,而船上的大人们正打着盹,真的像画家笔下的一幅乡野行舟画。

看着河面的一切,我心里有些感叹——岁月如河水一样流淌着,童年记忆中的栈道已经渐渐消失,老一辈的船工在慢慢老去,木船也渐渐腐化,号子也将不被人记起,留给后人的,也许只剩下滔滔的河水。

我们行至两河口,这里有公路分至大同、四洞沟方向,大家说拐个弯到大同古镇看看,我们便去了。

宁静的大同古镇王茂祥摄)

大同古镇现存建筑多为明末清初时代建筑,由古街、古码头、古井、古民居、古庙宇、古会馆、古碑、古牌坊等组成,依山而建。前殿、正殿、后殿、吊脚楼、岩穴等建筑错落有致,雕梁画栋;古墓、古碑、古牌坊则结构严谨,绘画雕刻、书法文字一应俱全。这些古物底蕴深厚,被西方人称为"石头写成的历史"。古镇房屋以街道为建筑的纵轴线和横轴线串架接庐紧连延续,相向一字排开。建筑材料采用了木材、杉皮、小青瓦、丹霞石、楠竹等多种自然材料，由形体、质地、色彩、不规则对称等项构成古镇建筑艺术的形式美，在建筑体的尺度、透视的夸张、色彩的协调与互补的序列组合中的敞闭、韵律、穿插等，都遵循着传统建筑一定的客观法则，充分显现出古代建筑的艺术魅力。

大同古街面积不大，完好的只有三条窄窄的小街。街尾有一座庙，看上去是清末建筑，但里面的许多建筑体是现代修建的，清末的东西已经找不到多少了。在寺庙的前方墙上，有一块文字牌匾，上面记载着石达开兵败至此的过程。此地前临小溪，后依高山，地势险要，实乃兵家必争之地。

我们来时正逢赶场，平日冷冷清清的街市上熙熙攘攘，热闹非凡。我们穿过闹市，寻古街小巷而去。沿路见到大大小小的茶馆几乎都座无虚席，所有的茶馆都看不见打麻将的，甚至打纸牌的都没有。男男女女坐在茶馆里悠悠闲闲地喝着盖碗茶谈天论地，说家长里短，好一派自在天然、恬淡幽静。

转弯拐角来到傍河的僻街小巷，古镇的古色古味凸显出来——街巷狭窄、建筑老旧、行人稀少、道路洁净。走在凹凸的石板地上左顾右盼——两旁青瓦、木墙、沧桑简陋的房屋，我恍惚在童年的故里寻梦。

大同古镇长桌宴（李刚摄）

在小巷一隅，只见一个老人正弯腰在门前的一眼灶前加薪，一个摄影师正架着相机在一旁将老人的一举一动记录下来。原来这就是房东向我们推荐的"浑水粑"产地，全镇独此一家别无分店。我们质疑在这偏僻的地段，这"浑水粑"怎么能卖出去呢？回答：他的"浑水粑"是拿去沿镇叫卖的。那是一种用糯米面粉加豆腐、腌菜等做成馍，经过煎炸而成的椭圆形食物。我们索性买了几个，吃了觉得味道还不错。

不远处一颗苍老婆娑的黄桷树吸引我们向巷口走去，一条河呈现在眼前，方知道我们已来到古镇的老码头。赤水河的支流即大同河在这里奔腾而过，河中大石嶙峋，河床狭窄，连一条小舟也不能行驶。但从老码头遗留下来的宽大车道和人行道可以想象，曾几何时码头是繁华与兴旺的。半山腰的镇子下，沿河用红石砌成的码头看上去很有规模，以前码头上常常停泊着载满货物的商船。这些船多从下游运来布匹、花纱以及川黔两地所需洋广杂货，川黔边境内由旱路而来的各种土特产、生熟药材均在此交货转运。木材竹筏浮水而下时，半个河面都是楠竹。从码头的规模就可以想见当时大同镇的繁荣，小镇渐渐成了盐商、货船补充供给、修理船帆的停靠点。如今一切都成为过去，旱路修通，货物改道，遗留下来的码头石阶零乱孤独，只有母亲带着幼儿在夕阳罩着的河边戏水。

古镇河边的黄桷树（李光华摄）

　　从码头返回小镇，我们在古街上选择一家庭式茶馆坐了下来，叫来几碗盖碗茶，问价一碗才五毛——且是"明前茶"。

　　喝着盖碗茶，和茶馆老板拉起了家常，知道了大同是竹之乡，漫山遍野的竹子是这个镇的经济支柱，茶馆只是老板家的经济来源之一，他家主要还是靠竹器加工生活。

　　坐在茶馆门口，观察来来往往男女老幼的百态千姿，聆听他们用乡音俚语述说乡里乡情，十分惬意。茶馆旁边巷角有一口老古井，清澈的水溢满井口，伸手可及。人们告诉我们他们现在已不吃这口井里的水了，而是将其作为洗涤用水。

　　茶过几巡，已近中午，我们起身离开去寻吃的。在公路边一家小吃店我们坐了下来，两碗凉面加两串红苕玉米馍，总共才花八元，吃得满意，吃得憨饱。

　　大同最出名的就是铁匠铺，旧船上用的铁钉之类的小铁具成了大同主要的工业产品。最繁荣时，不到300户人家的小镇上，竟开了六七十家打铁的铺子，家家生意红火。老辈人说，那时大同很少有清静的时候，一天到晚叮叮当当的打铁声与拉风箱的呼呼声，伴着船来船往贺喜吃喝，热闹非凡。

大同古镇老街一角（李光华摄）

  铁匠铺也随着商船的远去衰败下来。今天紧贴公路边仍有一家铁匠铺，风箱已不用人拉了，打铁的汉子赤着胳膊挥汗如雨，打的不再只是船上用的小铁具。在叮叮当当的声音中，还依稀留有老辈人讲的那份热闹，仍能翻动古镇已远去的繁荣。

  不管是老场还是古镇，都曾经经历过繁华，今天云卷云舒，花开花落，那份繁华似乎距古镇人很远。坐在门槛边看书的老者和在街边戏耍的顽童一样从容，那些原汁原味的历史风貌，吸引了人们去追寻、体验，感受早已逝去的生活风情。青砖、拱门、石板街，不同朝代在此演绎着不同的故事。如今城里人的时装店、家用电器店也在古镇上开着，不多，却也传递着现实社会的气息，古镇少女的高跟鞋也婷婷袅袅地踏过青石台阶。在赤水看过瀑布、丹霞、桫椤、竹海，再走走古镇古街，无论如何你都能读出大自然造化的神奇和历史的厚重。

十八　丙安古镇

出大同回到赤水河边，沿河上行不远便是贵州省历史文化名镇——赤水市丙安古镇。丙安原名"丙滩"，是横亘在赤水河上的一个大石滩，由于木质结构的场镇经常发生大火，乡人为求平安改为了"丙安"。

丙安古镇保留着原汁原味清代建筑风范，背向赤水河方向的大多由吊脚楼方式存在。整座场镇坐落在一巨石之上，远远望去，形状奇特，自成风景。国内网友们纷纷评价，它是中国十大最美古镇之一。

赤水河畔的丙安古镇（李光华摄）

丙安古镇历史悠久，物产富庶，竹木丰茂，药材厚积，气候多样，风光秀丽，交通便捷，商贸活跃。镇上葫芦街是古赤水著名的商业码头和军事设施。丙安属于沟壑纵横的典型地区，海拔悬殊较大，形成"一山有四季，十里不同天""山下桃花山上雪"的地域环境和气候特征。境内山色赤红，山高林密，古树参天，竹海扬翠，水网密布，地势险要，为赤水城的天然屏障。

赤水河从东向西，穿越全境。作为赤水河中游与下游的分界处，丙安古镇在地理上独控咽喉要道，成为扼控赤水河水路航道和连接川黔陆路驿道的商贸码头和军事要塞。镇下的大石滩使赤水河上下游经过的船只胆颤心惊,特别是逆行的船只,靠本船的纤夫拉船不能顺利越过石滩湍急的水流,需要若干只船停靠在一起,所有的船夫子集中使力,一条船一条船逐一拉过石滩,才能让"船队"顺利通过。那时候古镇的吊脚楼下樯桅林立、风帆招展、吆吼震天,记录着这座古镇经历过的风霜和辉煌。

  丙安古镇不大,小小的镇里满是各种憨厚朴实的山民。有十里八乡来此交易物品的,也有在敞开的极为简陋的茶馆里喝茶聊天的,那多是上些年纪的男人们。身着蓝土布衣,脚上全是绿解放鞋,人们似乎还停留在从前时代,这可能就是他们日常交流沟通的一种方式。茶桌上非常简单,除了每人一小杯茶、一块钱,其他什么也没有,大家就那样说着、喝着、笑着、聊着,浓郁的乡土情在这些简陋的茶馆里悠悠飘散。我们走进去和他们搭讪,那些朴实的农民就要给我们买茶让我们一起喝。看着他们憨憨地笑,露出有些发黄的牙齿,说着听不大明白的方言,我突然有种恍若隔世的感觉。

西南大学教授蓝勇在丙安古镇考察巨石凿就的栓船"牛鼻子"龙启权摄)

  丙安历为川盐入黔、黔货进川的物资集散中转地,军争兵燹十分频繁,革命斗争十分激烈,是当时居民、各地商人和军事活动的物资交换、物产集散、信息传递、文化传播、攻防进守的重要场所。1935 年,红军攻下丙安之后驻扎于此。古镇上的纪念馆丰富的文图资料介绍,让人暇思无穷。

  我们走到这里,正碰上重庆来的一个游行团,他们是来寻找四渡赤水红军足迹的。我们与他们走了一段路程,据导游介绍,如今的丙安古镇以其独特的红色经典旅游和绿色生态旅游吸引了八方来客。

十九　水陆要冲元厚镇

元厚镇古名猿猴，地距赤水市城区 50 千米，是贵阳、遵义进入赤水的门户，享有"赤水南大门"的美誉。

历史上，元厚镇是古仁怀地区赤水河沿岸重要的川盐转运枢纽、川黔古驿道上重要的水陆码头、赤水河流域寺庙文化内涵最丰富的场镇。长征时期，中央红军一部曾在这里首渡赤水。解放战争时期，中共地下党川南地方工作委员会曾在这里组织武装斗争。现在，元厚镇已成为赤水重要的丹霞生态、红色经典、苗族风情、盐运文化旅游与龙眼生产基地。她如一颗深藏的明珠，可惜的是高山遮挡了她的光华，深谷掩盖了她的风采，以致少为人知。

当时的元厚场上，仅盐帮、船帮、宗教修建的会馆和庙观就有湖广庙、王爷庙、火神庙、陕西庙、关帝庙、桶桶庙、川祖庙、文昌宫、三圣宫、紫云宫、惠民宫、石梅寺、回龙寺等近二十处，庙宇面积超过场镇面积的三分之一，形成一个巨大的寺庙群。三圣宫的规模、紫云宫的技艺、石梅寺的寺景、回龙寺的灯杆以及惠民宫的晨钟暮鼓、观音阁的青灯古佛，都在黔北地区享有盛名。清醮会、壁山会、盂兰会也有很大的影响力……我们走的这条街就是老街，据说有一百多年的历史了，但展现在我眼前的，除了王爷庙还有一道老门和墙基，除了少数几个门市属于民国时期的建筑，多数都已经改造修建成了现代砖混结构房屋，昔日的香火已经在赤水河升腾的水雾中熄灭，门庭若市的辉煌已成为今天的传说，这实在让我感到一种隐隐的惋惜。

赤水河岸边的盘山公路（李刚摄）

当地群众介绍，元厚地处川黔古道水陆要冲，舟楫转运、行商往返极大地促进了元厚商贸的繁荣。鼎盛时期的元厚场上，商号作坊、餐馆旅店、茶楼酒肆、帮派团体应有尽有，这些都因盐而起，因盐而荣。

原来，贵州不产盐，食盐完全仰仗川、滇、桂、粤诸省。清雍正后，川盐基本占领了贵州市场，成为一种"官督商办"的"政治"商品。赤水河是连接川黔的长江重要支流。清乾隆元年，古仁怀县被列为川盐入黔口岸后，成为川盐入黔的重要运道，运量居四岸之首。在元厚场的赤水河上，有一个比较大的河滩叫猿猴滩，赤水河航道在元厚被猿猴滩截为上下两段：下段，赤水至元厚航行牯牛船；上段，元厚至二郎滩，航行小牯牛船。当时，由于盐船无力逾越猿猴滩，入黔川盐必须在元厚下船、起岸、仓储、转船，元厚因此成为重要的川盐转运枢纽。场上设有船业工会、盐号、盐帮事务所、盐帮公所、盐防军等川盐转运、仓储、办事、管理、防护机构。场上盐号林立，河上船来船往，码头肩挑马驮，街市熙熙攘攘，盐运成为元厚主要的支柱产业，主宰着元厚经济、社会发展。

赤水河边古老的渡船搁浅在历史的长河中（郭可夫摄）

当地文化人翁永正先生带我看了旧时盐仓所在地。他说，当时有几十间，占地约数千平米，从码头上岸进场的一段街道全是盐仓，1947年被大火烧后，就再也没有修复，过去盐仓一条街现在大多为现代建筑。在我苦苦找寻中，终于找到了一条属于当时盐运历史见证的通道——新马路。新马路在大盐仓旁边，宽约1.5米，青石梯次砌成，由盐仓直通山腰，连接进山通道，是川盐运往元厚周边地区的唯一通道。新马路主要是供马帮和人力通行的，据说最早是由贵州首富、大盐商华之洪（音译，未考证）修建的。当时在元厚运盐的马匹就有400多，可见其盐运之兴旺。川盐转运在元厚持续了数百年之久，也正是盐让元厚兴旺了数百年，是盐运书写了元厚的历史，丰富了元厚的文化，促进了元厚的经济、社会发展。从某种意义上说，元厚的历史，就是一部盐运史，元厚的文化就是盐运文化。

我走到了赤水河边，想寻找到猿猴滩的古迹，但曾经的猿猴滩已经不存在了。早在20

世纪 40 年代，民国政府为开拓河运，用炸材炸掉了石滩，开通了这段历史上无法跨越的河运。

元厚不光是盐运大码头和中转站，同时也是中央红军首渡赤水的主要渡口之一。

遵义会议后，中央红军为实现"北渡长江、进入川西北、与红四方面军会合、建立革命根据地"的战略意图，根据当时作战部署，计划兵分三路先期攻占赤水，然后北进，在泸州、宜宾一带渡过长江。1935 年 1 月 24 日，红一军团到达元厚后，一师经葫市、旺隆，二师经陛诏、丙安直指赤水。由于川军提前布防，准备充分。大兵压境，26 日红军在黄陂洞遭到强兵阻击，根据侦查，川军已在长江沿岸做好围歼红军的准备。情况突变，中央军委迅速调整战略部署，红一军团于 27 日回师元厚，29 日红一军团与红九军团，军委二、三梯队，干部团教导队在元厚沙沱、川主庙首渡赤水，与土城渡口携手拉开中央红军"四渡赤水"的序幕。

元厚是留着红军足迹、洒着红军鲜血、掩埋着红军忠骨的红色革命纪念地。据当地老人讲，红军经过时期，整个元厚老街宫殿、寺庙都住满了人。今天元厚境内还保存着一些长征纪念遗迹和纪念遗物。在民间流传着红军开仓放盐、聂永珍救护红军伤员、桑海清为红军带路等许多感人故事。在元厚场的对岸赤水河边，现在还立着一块不算大的纪念碑（我花了不少时间才找到），这就是纪念红军首渡赤水河的功德碑，碑的前面就是元厚中学，应该说，这是一处理想的革命传统教育与红色旅游胜地。

在元厚考察快结束时，当地群众又为我推荐了赤水河边的一处重要古迹——陛昭红色根据地。按照他们给我指引的路线，我又驱车前往。沿着赤水河谷的公路，行车约半个小时便到了。这个古渡口，也是川黔古驿道咽喉要段穿峰坳的出入山口，地势傍山傍河，谷深坡陡，保存着陛诏红军渡、穿峰长征路、天恩桥、升平团卡等古迹。据说，中共地下党川南地方工作委员会为配合伟大的解放战争，选择了地势险要、战略位置重要、群众基础良好的元厚、陛诏作为开展武装斗争的前沿阵地。如今能看到的还有中共地下党川南工委陛诏机关旧址、活动地、联络点。1947 年 10 月工委机关秘迁陛诏，工委负责同志率领一批共产党员，以陛诏、元厚为中心，宣传马列主义，秘密发展党员，建立支部，力图掌握乡政权，建立武装组织。遗憾的是，由于特务告密，1948 年 4 月 17 日遭到伪县保警队的突然袭击，导致机关破坏，共产党员黄铁材被捕，于重庆解放前夕被杀害于渣滓洞集中营。当地流传着许多地下党活动的感人故事：川南工委和合江真龙红色支部属于同一党组织，先在合江一代发展地下支部，后来支部书记丁永昌又带领部分骨干党员，进入陛昭开展地下组织工作。这些革命先驱的丰功伟绩应该永远铭记在后人的心里，激励今天的人们去珍惜幸福的生活。临离开时，当地人告诉我，现在还有个老党员健在。我想去拜访一下这位老党员，可当地的群众告诉我，他们已经随子女搬到外地去了，只好打消了这个念头。

元厚还有一个值得一提的地方，那就是古苗寨，它是赤水河赤水市辖区内苗族集居地。名叫五星的苗寨是一座具有数百年历史的传统老寨，古味隽永、风情浓郁。处于丹霞地貌区域，与元厚红军渡、马鹿长征路、九角洞、五柱峰等丹霞景区相联，苗寨丹崖壁立、赤壁倒悬，是一个研究赤水河流域民俗文化的理想地方。由于这次安排的时间较紧，我没有亲自去感受，就将这顿民族文化的大餐留给下次吧。因为在赤水河流域需要我去考察和体验的东西真的太多了，但我相信，只要我的生命在不断延续，我就会努力将赤水河沿岸的美景风光展示给人们，将赤水河流域的历史文化和民俗风情传承给后来的探索者，让已经过去的历史不至于在我们这代人中断层。

准备离开元厚时，我站在镇政府的门前仰望。镇政府对面的青石岩壁上，镶嵌了许多丹霞石，丹霞石在阳光的照射下，发出耀眼的光彩。这种光彩照耀着勤劳勇敢的元厚人民，在我眼里是一道亮丽的风景。据当地人们讲，那是为了防止山石滑落而采取的防范措施。

二十　土城：地球红飘带上的明珠

从元厚出发，沿着赤水河而上，河道逐渐变宽，水流减缓。两岸的山头土质变红，植被较差，许多山头变得光秃秃的，很少看到茂盛的树木，这与元厚以下的赤水河两岸秀丽风光大相径庭。听人介绍，这一带的地表含碱很重，地下多为红砂石，水的储存力很差，每次下雨，雨水很快就沿着地表流走了，不宜于植物生长，所以这些山头看上去全是黄黄的土地，这里的一个历史古镇——土城就因此而得名。

我曾几次到过这座古镇，但都未专心去欣赏。这次是和朋友一起专程来研究的，心里总有种期望，在路上的云雾缭绕之间心中便勾勒出赏心悦目的古镇风光。然而要亲近古城镇却并不容易，美丽风景总是潜藏于山峦深处，而在峰峦叠嶂的黔北地区，通向古城镇的道路更显迢迢。虽然现在的交通已大为改观，但漫长的路程依然容易让人产生朝圣般的期盼心情。

土城全景（袁永贵摄）

土城自古为兵家必争之地，历史上长期是赤水河中游的政治、经济、文化中心，明代建有九龙囤、金了囤等四大军事囤堡，现遗迹尚存。在悠久的发展历史中，逐步形成了以商埠文化、茶馆文化、山水文化为主体的多元文化形态，留下了类型多样的文化遗存。

土城在历史上曾是赤水河中下游川盐入黔的主要码头和集散地。沿着月亮台码头拾级而上，可以看到曾被船工们那沉重脚步磨穿的石阶，历史在这里沉淀，岁月在这里流淌。随着古镇行走，不仅可看到被"川盐"漫漫吞噬的土城盐号，同时也可看到"船帮"老大的豪华住宅，还可目睹船工们住宿的"客栈"，以及被岁月剥蚀、听歌唱戏的古戏台。这里曾经喧嚣热闹，这里曾经商贾云集，走进它，仿佛又聆听到鼓点阵阵，乐曲声声。

土城九龙囤二寨门（袁永贵摄）

土城旅游资源富集，可以用"红、古、绿"三个字概括。土城是一座千年古镇。据土城"红军长征博物馆"资料介绍，早在7000年前就有人类在此繁衍生息。北宋大观三年（1109年）在此建滋州，领仁怀、承流二县（即今仁怀市、赤水市、习水县地域）。

土城是"地球红飘带上的明珠"。1935年，中国工农红军长征四渡赤水，土城是一渡赤水的主要渡口。红军在青杠坡与国民党川军展开激战，取得了战略转移的伟大胜利，留下了大量的革命遗址和革命文物。

青杠坡战斗是毛泽东在遵义会议之后亲历指挥的第一战，后来的共和国十大元帅中的七位元帅、三任国家主席、五任国防部长和150多位将军，都曾在这弹丸之地与敌军鏖战，这是中国革命史上仅此一例的重量级战斗。

著名战斗不一定留下可让后人充分"回放"的战场地貌、战斗遗迹、战斗经过，甚至人们的记忆都会随着时间的推移而逐渐改变，而土城镇的宁静却正好让其保留了几乎完整的战斗地貌和遗承，而淳朴善良的土城人民对于七十年前战斗的记忆都很深刻，仿佛红军战士的离去就在昨日。

为了纪念这一重大历史事件,政府在古镇上专门建了一个四渡赤水纪念馆。这个纪念馆原称"花园",是红三军团司令部驻地,为中西合璧两层砖房,由原中央军委副主席张震将军题写馆名。纪念馆详细介绍四渡赤水战役的全过程,以土城战斗、一渡赤水河为重点,真实再现历史,突出表现毛泽东等军事指挥家军事指挥艺术上的"神",凸显四渡赤水在中国革命史上的特别地位。

土城三面临水,北面靠山,"镇依山而建,水绕镇而流"。以自然山水环境为基础,沿赤水河呈二级台地分布,形成三维立体空间结构,山、水、城交映,城、水、山相息,构成了古镇特色鲜明的山城风貌,体现了山地居民与自然环境互为依存的"天人合一"、和谐自然的生活情趣。古镇群体建筑有两种布局方式:一种是位于山脊时,总体布局向外凸弯曲,具向外辐射的感觉,视野开阔,利于自然通风;另一种是位于山坳时,是呈内凹弯曲,给人以向心、内聚融洽和安全。

西南大学博士张铭(左)在土城做田野调查(张采秀摄)

我细细品味土城的韵味。古镇不大,建筑相对集中,大小街巷错落有致地直立在河岸边上。街巷多为石板铺砌,顺河道蜿蜒曲折,随地形高低起伏。古镇街面是集商业活动、家庭起居、邻里交往为一体的复合空间。街道大多是"中国固有"形式的青堂瓦舍,但也不乏一些"中西合璧"式的经典建筑。这些建筑或悬虚构屋,临坎吊脚,取"天平地不平"之势;或依附悬崖、陡壁悬挑,"借天不借地",有"凌空飞壁"之感;或因地就势,增建梭屋,灵活、艺术地构成了婀娜多姿的独特风貌。

古镇建筑物斜撑着的圆雕、花窗上的透雕,都是栩栩如生的动物造型,形态各异。房屋建筑的材料取自天然竹、木、土、石,房屋的勒脚、基础、堡坎广泛地利用条石、块石、片石砌筑,墙身一般采用"穿斗夹壁墙"的造型,屋顶则以小青瓦铺盖,使得传统建筑物与自然环境有机地融为一体。在街巷宽阔地段,是古镇人茶余饭后驻足交谈的场所,也是小孩子们追逐嬉戏、释放童趣的快乐天堂。信步古镇街头,无论是街前街后,还是小桥院落,一棵棵古樟古榕见证着古镇的沧桑变化。

在古镇,长长的青石板路上曾经行进过决定中国未来的军队,古旧沧桑的门窗背后曾燃烧着中国革命的火种。探访红军在古城镇上留下的遗迹,很容易给人造成时空交错的感觉。朱德与康克清曾住在土城镇曾氏酒坊之中,当年朱德夫妇的房间依然完好地保存着。

土城古街（李刚摄）

为纪念土城战斗历史功绩,1978年习水县人民政府拨出专款,在浑溪口赤水河西岸的火星山上建立红军一渡赤水纪念碑。碑高12.5米,严谨朴素,庄重宏伟。纪念碑旁四周青山环绕。纪念碑所在之处本来还有一座寺庙叫做"永安寺",但如今已不复存在。相传,张震将军在青杠坡战斗负伤之后,曾在此地养伤。

站在纪念碑前,眼下赤水滔滔,哗哗东流,远眺土城古镇全境,抚今追昔,感慨万千。

我们漫步在古镇上,正逢赶集之日,四周乡亲都背着竹篓,聚在长长街道两旁,买卖的商品都是日用杂货、农鲜产品和农药种子之类,热闹愉悦。土城街道的建筑提供了对于古时候居住空间的印记,而土城的集市则容易带人回到真实的乡土中国。集市徜徉,可买到编制粗朴的草鞋,草鞋上还散发有稻谷的清香;还可到临街热闹的茶馆小坐,长长的条凳、苦涩的热茶和喧闹的气氛营造出惬意的放松;更可在不经意之间撞进某个特色小店,用油锅炸出卷曲金黄的薯条,再拌上本地辣椒粉调料,味道真是美得满嘴是笑。

古镇不但美酒飘香,女孩子更是漂亮可人,赤水河畔有这样的说法:"土城古镇产美酒,漂亮的姑娘家家有。"你看那山溪边的洗衣姑娘、古街巷的妙龄女郎、古桥上的青春少女、院落里的年轻少妇……都是那么的清沌、自然、勤劳、纯朴和善良,正是应了"山美、水美、人更美"的古话。

　　古镇的人们一直追求着一种自然、舒坦、宁静的生活。不管是闲暇之时，还是逢场赶集，不管是镇上人，还是乡下人，他们相聚茶馆，三五成群围坐于木桌旁，或品一杯清香的盖碗茶，或天南地北聊天取笑，或打一回川牌，或抽几口旱烟……水码头茶馆休闲的情趣，好不悠哉乐哉。

二十一　二郎滩郎酒飘香

一个秋天的周末，淡淡的山雾笼罩着赤水河两岸的山腰，怀着对二郎滩的钟情和对赤水河美景的眷恋，带着对赤水河流域历史文化、民俗文化、酒文化的浓浓兴趣，我们一行三人，从合江出发，沿赤水河而上自驾前往二郎镇。

二郎镇全景（胡基权摄）

那时候还不通高速路，我们是沿赤水河的公路沿途而上的。这条路是合江到贵州遵义和贵阳的老路，虽然弯道多，道路险，但沿途风光秀丽，空气清新，走起来给人更多兴奋和快乐的感觉。

车过土城，再一个多小时便到了二郎镇赤水河对面，那里有一个观景平台，可以观看二郎滩和二郎镇全景。在此远望，那巨大山体掩映下的二郎镇，阶梯型的建筑风格格外显眼。其后是高山林立，之前系深谷放歌，傍山而偎的场镇，看上去犹如一座大大的亭台楼阁。

沿河边弯曲的公路而下，便到达二郎渡口。渡口位于二郎古镇下场口，与贵州省习水县二郎庙遥相呼应，峡长峰高、河流湍急、地势险要，是两军对垒必争之地。1935年红军长征时，先后两次在此抢渡赤水河，进行了著名的二郎背水战，为中国战争史写下神奇篇章，游人到此无不望江凭吊。渡口边的一块巨石上刻有"二郎滩渡口"几个红色大字，是为纪念四渡赤水胜利而建的红军长征纪念亭和纪念碑。

二郎滩渡口遗址（康宁摄）

　　二郎滩虽然河道较窄，赤水河却波涛汹涌，但历史上那些运盐小木船已经不见了，进入我们视线的，是一艘艘汽笛长鸣满载货物的中型驳船。一座大桥架在巨石下游不远处，桥上车来车往，畅通无阻。看来昨天的赤水河天堑已经被飞架南北的气势所"震慑"和破解。

　　我们将车停在桥头，感受经历过枪林弹雨的二郎滩厚重的历史，遥想着那血雨腥风的日日夜夜，心里有无限的感慨。相传1935年，中央红军两次经过二郎滩渡口，二郎镇的村民自发组织起来，为红军做好了热腾腾的饭菜。红军架设浮桥没有船只，村民们跑到其他村寨去借；没有木板，村民们拆下了家中的门板；看到许多红军战士在寒冷的冬天里裂开口子的手脚，村民们端来了珍藏的郎酒，为红军疗伤驱寒。直到现在，二郎滩附近仍流传着"郎泉之水清兮可以濯我脚，郎泉之酒香兮可以作我药"的红色佳话。

　　从二郎滩沿陡峭的山崖顺势而上，就是二郎古镇。古镇不大，至今仍完整保留着古老的石板街。无论是街道两旁的古民居或者是荫浓叶茂的黄桷树，大多都有百十年历史。漫步古风可掬的老街，身边不时走过三两个背着竹篓的村民，一种清新的乡土气息扑面而来。此镇地处赤水河中游，四周崇山峻岭。就在这高山深谷之中有一清泉流出，泉水清澈，味甜，人们称它为"郎泉"。郎酒因取郎泉之水酿酒而得名，而立万。

　　相传古时候这里不叫二郎镇，那时这里很富裕，人们安居乐业，过着丰衣足食的生活。突然有一天，一只好逸恶劳的黑龙从天上飞过，惊羡景象繁华，一头扎了下来不肯离去，四处祸害百姓。这事被天上的神仙知道了，命天神二郎来降伏恶龙，二郎神不辱使命，将黑龙镇压在山中。老百姓为感谢二郎神，将镇名改为"二郎镇"。

　　走进二郎镇，浓郁的酒香扑鼻而来。街上的商铺和饭店都摆满了郎酒。我们走到一家茶楼，想坐下来喝喝茶休息一会儿，顺便也打听一下上山的路怎么走。刚一开口，一位当地的老者就和我们搭上话，积极给我们讲解二郎滩和郎酒的来历。老者告诉我，郎酒的来历、成名还有一段动人的传说。相传古时候，在川黔交界的赤水河畔，有一个聪明能干的男青年李二郎，爱上了美丽乖巧的姑娘赤妹子。赤妹子从小失去父母，在她舅舅家长大，也一心爱着李二郎。舅舅是个图利贪财的人，瞧不起李二郎孤苦一人，家境贫寒，靠帮地主家牧羊为生，不同意赤妹子嫁给他，但又不便于干涉拒绝。于是，他想出一条妙计：谁要娶赤妹子，必须拿出一百坛美酒作为订婚之礼。李二郎明知是刁难，但爱妹心切，便私下对赤妹子说："你只要真心爱我，就耐心等我，我一定要找一百坛美酒来娶你！"从此，李二郎放下牧羊鞭，不分昼夜地在赤水河边挖呀挖刨呀刨，寻找泉眼酿酒。他挖断99把铁锹、99把锄头，撬断99根木棒，挑断99根扁担……真诚的心意，不辍的劳作，终于使龙王三太子大受感动，作法使乱石滩中冒出了清澈透明的泉水。李二郎用此泉水酿酒，但酒的香味不浓。一天，龙王三太子为了进一步考验李二郎，就变成一个年老体弱的老头来到他的酒坊，讨酒御寒。李二郎爽朗地说："我酿酒是为了娶赤妹子，既然老人要喝，只要不嫌，尽管喝够。"老人见他心地善良，对赤妹子忠心不二，便装醉倒地把喝下的酒吐于泉中。李二郎赶快扶起老人回屋休息。老人似醉非醉地说："你那泉水犹如酒泉，再刨尺把深，酿出来的酒就更美了。"李二郎听了老人的话，扛锄来到水泉，铡刨几锄，只闻泉水香味扑鼻，李二郎大喜，立刻回去询问老人何故，然而老人已不知去向。李二郎从此用这甘醇芬芳的酒泉水酿出了琼浆美酒，送到赤妹子舅舅家，娶回了赤妹子，有情人终成眷属。成婚后，赤妹子帮李二郎精心酿酒，使美酒名扬四方。后来人们为了纪念李二郎，把他挖泉酿酒的地方，取名叫二郎滩，把这酒泉取名郎泉，把他酿造的酒取名郎酒。

古色古香的二郎小街（龙启权摄）

优美的神话传说为名酒添光增色，吸引着中外饮客。但郎酒到底因什么缘故成名，我觉得还需要寻究其源，做进一步研究和探索。历史文化的内涵往往是要经过长期的研究和考察，才能真正解密。我只是一个赤水河历史文化的爱好者，感受历史和体验文化便是我的目的。

在古镇上，郎酒办公楼应该是全镇最高的建筑，启功老先生题写的"中国名酒郎酒"六个大字矗立在上。郎酒是历史名牌，酒文化积淀深厚，但由于地处山区，发展受到了很大的限制。中华人民共和国成立前，郎酒一直处于作坊式生产的状态。20世纪50年代，周恩来总理在一次会上,说起了郎酒:"四川有个郎酒嘛,应该恢复生产",这才有了郎酒以后的发展壮大。

郎酒最为传奇的地方应该是它的天然溶洞藏酒方式,即天宝洞、地宝洞、人和洞贮酒。这三个洞位于二郎镇背后山体上,是天然溶洞,已被载入吉尼斯世界纪录。天宝洞、地宝洞位于二郎镇所处的五老峰,属喀斯特地貌,洞内分支总长近1.5千米,总面积近2万平方米,两洞上下相迭,尾部相通,冬暖夏凉,石笋、石山、石花、石乳千姿百态,遍布大小通道,迂回宛转,像一座巨大迷宫。据说早年间,当地老人曾进洞探秘,结果走了三天三夜才找到一个出口,出口外是一个完全陌生的地方。相传石达开被清军追剿,路经二郎镇,藏此洞躲过一劫。进入洞内,瓮坛成阵,第一感觉是"酒坛兵马俑"。郎酒在这里经年累月储藏,使宝洞内的石山、石乳、石罩、石壁上,形成厚厚的一层酒苔,最厚处有十厘米,这种酒苔唯郎酒独有。

二郎镇的天宝洞(詹永祥摄)

天然溶洞贮酒的创举在人类酿酒史上是绝无仅有的,上万只硕大的储酒陶坛密密麻麻摆设洞内,釉彩乌亮,经年累月地陪伴着正在进行"醇化"的新酒。放眼望去,庞大而壮丽的酒库阵容似酒阵兵马俑,蔚为壮观。泸州籍作家何开四在《中国郎酒碑》碑文中感慨挥毫,写下"至若宝洞储酒,更称一绝。白云深处青山绿,天宝地宝通人和。酒气洞崖壁,酱香酿新醇。瓮坛成阵,依稀秦皇兵马俑;盖世奇观,何期欲界有仙都"的连珠妙语。只有亲身进入这两个举世无双的天然酒库,你方能体会到"宝洞客来风送醉,举觞人去路留香"的诗情画意。

郎酒用优质红粮酿制而成,酿造考究,有"十月怀胎,一朝分娩"之说,即窖料、翻料、煮料分别反复三次,每次要窖三个月之多,然后烤出原酒。原酒烤出后,均运入洞中储存三年,经过醇化,再勾兑方为郎酒。郎酒具有"酱香突出,醇厚净爽,幽雅细腻,回味悠长,空杯留香"的独特风味,闻名于海内外,与国酒茅台共誉为赤水河上的两颗酱香"明珠"。

天宝洞储酒库(胡基权摄)

我们走出二郎镇,便去登五老峰,想到山顶上去俯瞰二郎镇之奇,感受赤水河之美。从赤水河边到五老山山顶,高差应该在六百米以上。从山下看上去似乎处处都有路,又到处都陡峭难以行,然而我们经过一番探索,找到了一条小道,拾阶而行。看着小道往右蜿蜒而上,消失在山右面的天空中,我吸了口气,然后踏了上去。

山道开始时还算平缓,后来便陡直起来了,特别是在一些石壁前,我都不敢回头看,偶尔回头,身子似乎有要浮起来站不牢稳的感觉。经过一番吃力的攀爬,终于到了一处比较平坦的地带,可是已热得汗流浃背啦。转身看山下,整个场镇尽收眼底,而坐落在场镇后面的酿酒基地也一览无余。

虽然心有余悸,然而定了定神,调节一下情绪又继续上爬。一开始的时候我发现这条路还算是比较光滑的,应该是经常有人在走动,我也怀疑这高处有人居住,可是又想,这么高的地方,出入多么不方便,谁会来住?意外的是,当我再往上爬了一段路程后,惊奇地看到上方不远处竟真有人家,而且似乎是一个小村子,更神奇的是还有几座楼房林立山间。我们走进农户歇息,顺便喝点水,再走到岩边转头俯瞰山下,弯弯的赤水河在深谷中呈现一道白光,两岸的山间有些小洋房点缀其间,水的秀丽,山的健美相互辉映,形成一幅幅乡村图画，让人心旷神怡。在河对岸高崖上，梯次排列着无数的厂房，那便是贵州的习酒厂，它与郎酒厂就一河之隔，相互对峙。

为了不看已观赏过的山景，我们便另外沿着一条光滑的山道返行。此时探身往下看，可以看到赤水河边的大公路以及通往贵州习水的小桥。从直接目测的距离来讲，下山的路并不远。然而，山区的路，看起来很近，走起来却很远，从山的这边看山的那边，景物看得真真切切，而一走路却得走大半天。我在山区工作了八年之久，深知走山路之艰辛，如果就按照我们来时的大路走，可能要半天才能到达公路。由于此时已近下午五点，山区的路在天黑后根本无法走，我们只得沿很少有人走的捷径而下，这样可以早点到达我们停车的大公路上。转入山道穿林而下，这时才发现这山道并非纯天然，中间还有几处石头砌就的路段，虽然陡峭，也还算可通行，大家手拉着手，有时拉着树枝或藤蔓缓缓而下，虽然处处是风险，但风景如画，美景入眼，快乐无限。

在我们行走的小路边，矗立一座寺院。走近寺院，只见它贴着绝壁而建，下面是几根很高的水泥柱子支撑着整个建筑，看得我都要替它颤颤巍巍起来，可是它就存在在哪里，而且都不知建在此处多少年了。

观音禅院（龙启权摄）

我走进寺庙一看才知这是一座庵，名曰"观音禅院"。左侧门下有一条石道直通山下，此时石道上有个白发苍苍戴着小布帽的老尼正轻挥扫帚扫着落叶，不急不缓，气定神闲。

沿着台阶继续下山，不多时便到公路边上了。偶然抬头间，发现公路边上的几户人家门口上都挂着一块牌子，依稀记得是写着"红军驻地遗址"，可见此处便是当年红军四渡赤水其中一处渡口了。

越过公路，来到跨河大桥桥头，我准备过桥去，从河对岸的缓坡下河滩去走走。这桥跨度很长，此时正有几辆满载的煤车轰轰隆隆开过，脚下都能感觉桥身在颤动，我不禁心里惴惴，这么多大车同时上桥，这桥能承受得住吗，万一承受不住……多想无益，我赶紧加快脚步。不多时,到了河对岸,寻了条小路,便一路朝河滩奔去。河滩很宽,散布着大大小小的鹅卵石,现在正是枯水期,故水流很小,行不得大货船。但水流小归小,依然湍急。抬头看那大桥,飞跨在河边高岸上,有如飞虹,越发显得气势恢宏了。走过宽广的河滩,来到急流边,俯身掬起一捧清水,顿觉寒意凛凛。遥想古来多少无名英雄在这条险流上争渡,无畏无惧,何等气魄,真是让人神往。

时间不多,我也该回去,想到难得来此一趟,除了记忆,我似乎应该带走点什么。环顾四周,流水滔滔带不走,最适合带的当是脚下这形形色色的鹅卵石了,细看之,有不少形色奇绝者。我俯身挑选了几块轻便奇特的,揣在衣兜里,然后上了公路,回到桥头,走回旅馆。

二郎之美,美在郎酒;郎酒之美,美在赤水河;赤水河之美,美在秀丽的风景、英雄的故事、神奇的传说。我记不清是谁写下了这首词,我把它作为文章的结尾也许是最恰当不过的,因为它不只是首词,而且是一幅画:

赤水古来湍,淌碧流蓝。几多深壑几多湾。莫道水急重险隘,自有行船。岸笋势冲天,壁立危岩。雄桥展翅断崖前。回首远山高坝上,犹见人烟。

二十二　吴公岩：赤水河上的十里长滩

赤水河的吴公岩河段，高山峡谷，水流奔涌，奇观突显，风景秀丽，是有名的旅游景区。走进这段河谷，可以欣赏到大自然鬼斧神工造就的神奇美景，可以感受到河流的温雅平静，也可以体验到流水的汹涌澎湃。

十里长滩是此处著名景点。根据老人介绍，十里长滩中共有十六个险滩，个个都有其特点，每个都有其传说。我在当地老船工的引领下，沿着陡峭的山路走完了全景，体验到了这些险滩的魅力，感受到了这段河流中厚重的文化。老船工介绍的每个险滩特点和传奇故事我无法一一记起，但有几个滩留给我深刻印象。

十里长滩素有"小三峡"之称。两岸山势陡峻，河中水流湍急，险滩迭起。赤水河受到两面高山的挤压，河床变得十分狭窄，从远处望去，就像一条出蛟的巨龙，爪舞鳞逆，呼啸狂奔而去，此处叫青龙滩。赤水河到马桑坪下行不远的地方，河床平稳，拐弯的角度不大，人站河岸举目远望，就像人张开的牙齿缝隙一样的形状，取名为张牙拐滩。现在因修建公路和民房，弃土不断滑入河边，以上两滩河道已经有些改变。

神工鬼斧美酒河（张同海摄）

张牙拐滩下数百米是银胡子滩，这个滩传说较多，景观也较好。据老船工介绍，历史上银胡子滩因为两岸岩壁上悬挂有不少胡须状灰白色枯藤而得名。从这段河谷起，两岸相对的山崖顶端突显，形成缝合状，从空中将河流包围，形成天地合一线的奇景。岩壁与岩壁之间，相距不出 20 米，峡谷高出河面数百米，河中和岸边灰白色的石头大者如屋，小者如斗，似狮似虎，或立或卧，给人无限的想象空间，常常令人诗情大发，令摄者目眩心醉。那黑色岩壁的皱褶间长满了碧绿的草和高悬的藤，给清冷的岩石带来了丝丝春意，让人感到莫名新奇。

走过银胡子滩，稍许趋于平缓的河流被曲折的河床逼着它向东北转弯，形成一个碧波荡漾的回水沱。河水出了沱后向右转，又进入落差较大的险滩。这里的河水像歇后的骏马，奋蹄扬鬃，急驰而前，奔向跌宕起伏的山坡，气势高昂难以阻挡。从此处向远望去，就像从波平浪静的湖中流出，所以得名为湖滨口滩。

再不远便是雕有"美酒河"奇观的吴公岩滩。吴公岩滩又叫大滩，这里山势雄奇险峻，怪石突兀争奇，河水穿流其中，蜿蜒盘旋，东奔西蹿，或撞击于石间，或冲击于两岸，恰是惊涛拍岸，腾跃如雷，漩涡珠串。在十里长滩的 16 个滩中，此滩最险最长。吴公岩是纪念清乾隆年间带领乡民疏导修浚赤水河的民间义士吴登举而得名，这里曾是"川盐入黔"的最险处，摩崖石刻较多，文化内涵丰富。清道光二十三年（1843 年）初秋，诗人郑珍漫游至此，留下了诗作《吴公岭》：

> 著便吴公岭，侧目吴公岩。
> 飞狮落九天，脚插赤水隈。
> 奔湍撼不动，怒声天地回，
> 水怒石益静，万古苍巍巍。
> ……

吴公岩这一河段，对于来自云贵高原的河水来说，乃是："波浪起伏人生路，出了狼窝入虎口。勇往直前向东流，到了合江方轻松。"

在古渡东岸下行约半里地便是豆腐石滩。此处整石云集，水流其间，浪花迭起，惊涛高悬，嶙峋怪石裸露于险滩两岸。南岸浅水中，平放着一块方正的巨石，看样子有几十吨重，人们叫它豆腐石，此滩也因此而得名。

南距吴公岩不远是螺蛳髻滩，滩中也有一巨石，陡峭如刀削，石立似群羊，颇像当地妇女头上挽的螺蛳髻。河水从巨石两边奔流而过，气势雄伟，涛声清脆，远处而听，恰是一曲交响乐演奏，既有高音，也有低旋，妙不可言。再往下行三百米便是壁影摇红，波光闪翠的火烧岩滩。此滩的岩石赤如红云，独领风骚，加之河中浪花迭起，高低有致，隔远望去，如火中烧。据民间传说，本来这里的岩石也是灰黑色的，有一回天神哪吒过此，不小心碰到狭窄的岩壁上，他一怒之下，放出风火轮，削壁填河。为泄心中之怒，哪吒燃三昧真火于两岸，使得石壁被烧成了红色。

吴公岩山景（龙启权摄）

再过三百米，便到了十水缸滩。此滩岩边天生的长方形石水缸中，有清水不盈不缩，蕴含着不少神奇色彩。挨着的屁眼石滩，名字虽然不够文雅，但以之为名的那块岩石却惟妙惟肖，给人以无限的想象空间。曾有人觉得名字不雅，将其改名为水毛洞滩，但在当地知此名的人不多。

由此我想到了合江县从汉墓中出土的春秋战国时期的石菌和对吻俑，在现在人看来有些不雅，但在文化还不算发达的古代社会，人们对现实生活的再现完全无修饰，显得那么真实，那么纯朴。现实生活本是人类本真的再现，语言与灵魂本应该完全的统一，面对事物的本质，我们应该实实在在去再现。

沿屁眼石滩顺流两百余米，便到了太平石滩。那块位于滩尾岸边的方桌形太平石，其名有两层含意：一是过了此滩，虽然还有险滩，但险恶之势已经减弱，在老水手们的眼里，已是太平无事了。二是太平石若未被水淹，船舟过滩平安少险；如太平石被水淹没，过滩就不太平了，警示过往船只要格外小心。离此处不远有地方叫癞子石滩。这里的石头凹凸不平，怪诞恐怖，黑、白、黄、褐等色相杂，与滩名确也相称。由于河水的不断冲击，河中形成了一个长长的沙洲，故也有人称之为长滩。再其下是黄连滩，也叫牛角滩，据说是因两岸多长刺黄连而得名，也有人说是因为其左岸的黄汤岩流出的水又黄又苦的缘故。滩尾是古蔺县沙湾村地界，也是古时放筏的重要集散地。

吴公岩滩多水险，木筏容易打烂。上游放来的木排须在马桑坪解散成单根木头流放，然后在此汇聚后，重新捆扎成筏后驶往合江。20 世纪 50 年代，吴公岩通航后，盐运古渡下移至此，多数人称此地为吴公岩渡口。距渡口约四百米便是十里长滩的最后一滩，因为它直达桐梓河与赤水河的交汇处的两河口而名为下口滩。这里海拔相对较低，两条河水的彼此冲击，使得河口处沙砾堆积成岛，使赤水河的流水回流到桐梓河的左岸，常常形成半边清亮半边浑的双色河水奇观。桐梓河是仁怀与习水县的界河,这里有官渡木船摆渡,与沙湾渡连成两省三县市的水上连环通道。当年红军逆赤水河而上,从这里渡河去马桑坪。成为赤水河上有名的红军渡口之一。

在古渡西岸伸向云天的绝壁上,有一方阴刻了"美酒河"三字的巨幅摩岩。"美酒河"三字由《人民日报》社原社长、书法家邵华泽题写。字高250米,宽400米,呈90度,平滑如刀砍斧劈,下距河面近百米,行书横排,石刻总面积4880平方米,其中"美"字高41.2米,宽33.05米;"酒"字高31.62米,宽20.42米;"河"字高34.49米,宽32.57米。笔画最宽处6.8米,字深1.8米至2.2米,朱漆涂饰,闪光灼目。字体潇洒稳健,雄放有力,如美酒倾泻,似江河奔流,横直相安,给人以出神入化之感。雕刻工艺豪放中含婉约,粗犷里藏细腻,气若长虹。无论整方摩崖还是单个石刻汉字,均是前无古人的世界之最。

"美酒河"石刻对面有一口清泉,水质特佳,相传能治百病,过往的人都要去品一口清凉可口的泉水。在泉水的旁边有观景台,凡经此路过的人们都要停下来照相留念。我们在此停留了很长时间,不仅仅是照相,而是审美,审视大自然的美景与人文美影的紧密融合,审视人世间美的创造就在人们意念和行动之间。其实世上并没有无意识的美,所有的美都是人的意识的再现,只要我们对生活用心去感受,到处都有美的存在,只不过看你能不能发现。

我们在路边歇息时,来了几个当地的农民,他们告诉我,这段河流之前水流很急,上行的木船都要人工拉纤才能通行,现在的公路就是原来的一条拉纤道,后来通过人工开采,才成了人行通道。我似乎看到,在这条忽隐忽现的古纤道上,许多地方仍清晰可见昔日的船工们日出而作,日落而息的身影,他们负着长长的沉重纤绳,唱着激昂的船工号子拉纤。而今在赤水河两岸的岩石、河滩、巨石上仍留下深深的纤绳痕迹。这些历经岁月沧桑的纤痕,或深或浅,或浓或淡,仿佛讲述着一代又一代船工们历经磨难、披星戴月拉纤生涯里的一个个感人肺腑的故事。

在古盐道至瓮扁洞近千米长的公路两旁的岩石上,错综有序地镌刻了大大小小的摩岩作品36处。这些作品由当代日本、韩国、比利时、菲律宾、新加坡、马来西亚等国的书法家兵藤桂子、傅子昭、刘树德等8人和中国书法家张宗禹、仇珊、郭大华、冯学炎、张亚武、许建国、卜仁亮、王文影、吴庆灿、朱泉山、李为、吴广崇、尹雅丽、安汝俭、子黔、李春如、陈加林17人所题写。摩崖依势就壁布局,审石度意雕琢,具有自然得体、与环境紧密相扣的特点。内容多与周围景物相应,力求形意相通。诸如飞流、云涛、云海揽胜、锦绣江山,创意新颖,内涵丰富。该岩石是一处书体众多,流派纷呈的书刻艺术长廊。

吴公岩盐运古渡是赤水河上古渡口之一,渡口石阶保存善好。石梯经过风吹雨打和水流的浸泡,变得洁白如玉,人们称为雪梯。平滑的石梯上有依稀可辨的背杵的窝痕。这里水紧流急,渡船艰危,聪明的船工们便在两岩石壁上凿洞打眼,将粗大的纤绳横贯河谷,然后把维系渡船的绳索活套拴于其上。开船时只要船工用竹篙猛撑岩岸,船舟便借助惯性的力量平稳而快速地驶向对岸。

此渡口始建于清乾隆十二年（1747年）。因吴登举修河有功，贵州总督张广泗便将此渡奖给了他家。至民国十六年（1927年），仁岸盐帮事务总所所长向邦昆等以500大洋向吴家买断了渡舟权，改私渡为官渡。今渡口旁边有摩岩《晓喻碑》记载原委。根据档案记载，出此布告的知县名叫田亮卿，贵州赤水县人。民国十四年（1925年）冬，田经过这里赴仁怀上任时，发现渡工对过渡者的敲诈行为，于是于第二年春在此刻立此碑。此事引起了当时省长周西成的重视，下令将它买为公渡。在渡口西岸，古蔺县人民政府亦在古盐道旁修建了可供游人歇气和观览渡口的中角凉亭，立有介绍古盐渡概况的石碑。

渡过赤水河的乡民和孩子（郭可夫摄）

赤水河船工历史悠久，自从赤水河上出现最早的船舶从事原始的航运事业后，就伴随着产生了船工，产生了纤夫。早在汉朝建元六年（前135年），汉武帝派唐蒙出使古夜郎，就从巴符关（现合江城南关一带）出发，沿赤水河经此道进入夜郎。明代洪武二十四年（1391年），赤水河合江至境内沙湾塘河道就直通船舶。曾"斗米斤盐"的川盐由木船经赤水河运至沙湾塘，起岸后陆运到茅台，水位适中时转船运至丙安或元厚。清乾隆年间，赤水河航道疏浚，赤水至元厚，元厚至二郎滩分段通行木船，载重五至十五吨位不等。中华人民共和国成立后，打破了分段航行不同规格船舶的陈规，赤水至二郎滩通行二十吨左右长航木船、赤水至合江通行四十吨位左右木船。由于赤水河滩险湾多，水流湍急，因此，自通航以来渐渐远去的岁月里，负重的各式木船上行全靠纤夫拉纤行船。于是，波涛滚滚的赤水河、奔流不息的赤水河、不知疲倦的赤水河古纤道上就有了船工，他们唱着高亢洪亮的歌谣，给百舸争流的赤水河增添了无限的生机和活力，他们的足迹至今仍可寻。

赤水河航运事业发展飞跃，从古至今，成千上万的船工长年累月背井离乡，漂泊在外，一次出船时间有时竟长达一月有余。船工们生活十分艰苦，时常风餐露宿，忍饥挨饿，更有甚者，时有船工因船舶失事而葬身鱼肚，丢下年老体弱的父母，抛下嗷嗷待哺的婴儿，永远离开花容月貌的少妻。特别是纤夫，劳动更为艰苦，逆水行舟，全靠纤夫用人力拉着载重数十吨的木船前行，每天行程少则二三十里，多达百里。每前进一步都凝聚了他们无数的心血和汗水。盛夏的炎炎烈日，纤夫们穿着短裤，裸着上身，背顶如火的骄阳，脚踏滚烫的沙石，肩负沉重的纤绳一步一步慢慢挪行。飞雪的刺骨寒冬，纤夫们穿着打着补丁的长衫，腰系绳子，顶风冒雪，脚踩冰冷刺骨的河水，匍匐前进，手脚常常被凹凸不平、荆刺重重的纤道划出道道裂口。在旧社会，船工们在长年累月的艰苦拉纤生涯中，用极度艰辛的汗水、泪水谱写出了一首首悲壮感人的船工号子：

为了活命把船拉，
抛下婆娘与老妈，
茫茫河水何时干，
拉过一滩又一滩，
粗茶淡饭用力换，
长衫裤衩疤上疤，
妻子在家活守寡，
哪个男人不想家，
天寒地冻无人问，
病死累死喂鱼虾，
……

二十三　走进茅台镇

我小时候就对茅台有深刻印记,源于大人们时时挂在嘴边的话语:茅台是最好喝的酒。让倒懂不懂的我更加懵懵懂懂。当兵回来在新殿中学教书,认识了一个本乡的朋友,他的儿子就在茅台酒厂当工人,经常带一些散酒回来请我们喝。虽然是散酒,但那可是正宗货,酒盖一开,满屋子都能飞散扑鼻的香味,喝起来更是爽口爽心。后来,我委托朋友专程到茅台酒厂去弄了一瓶,当时大概是七十元一瓶,包装很简单,里面是皮纸包裹。接着我也买过几次茅台,但却很少喝过,因为像我这样的穷人,根本就喝不起。我知道茅台酒产自茅台镇,虽然因为工作的原因几次路过,但就是没有实地看过。2014年春,我为了撰写《走进赤水河》的系列文章,约了几个朋友专程到了那里,才细细地品味起茅台古镇的幽香。

茅台镇位于仁怀市赤水河畔,群山环峙,地处贵州高原西北部,大娄山脉西段北侧,仁蔺、茅丹、茅习、遵茅公路汇聚于此,是连接川黔的重要枢纽和物资集散地,有"川盐走贵州,秦商聚茅台"的说法,集厚重的古盐文化、灿烂的长征文化和神秘的酒文化于一体,被誉为"中国第一酒镇"。

茅台镇太平村乌龟石河道(陈果摄)

茅台镇历史上有过几个不同的名称,根据我查阅的资料显示:古代濮僚部落世居茅台,因马桑树漫山遍野,故得名"马桑湾"。后来人们在赤水河东岸发现了一股纯净的泉水,濮僚部落砌了一口方形水井,方便来往行人饮用,深得人心。时间长了人们便称此地为"四方井",从而代替了"马桑湾"的叫法。随着集镇人居增多、场镇的扩展,濮僚人在街后筑土台,立灯杆祭祀祖先,对先人开荒破草表示崇敬,按照当地的习惯称该处为"茅台"。有地有名,人气聚集,大量濮僚人在此定居。到了西汉成帝年间,夜郎地区生产力进步,粮食生产有了剩余,为酿酒业的兴起提供了物质条件。元朝以后,在县以下分设寨、村、坪、部,才正式定名为"茅台村"。到了明朝,茅台街上修了万寿宫,万寿宫外建有一座极为罕见的半边桥。当地居民和过往客商需过半边桥去宫里进香拜佛,因此人们又称茅台街为"半边桥"。明代以后,茅台村日益富裕繁荣,人们又在赤水河两岸修建了九座大庙,并在其中的观音寺禹王宫内珍藏了三面东汉铜鼓,故而这座寺庙又叫三鼓寺,茅台村因此又名"云鼓镇"。清朝乾隆十年(1745年),贵州总督张广泗奏请开凿赤水河道,舟楫通行更为便捷。四川食盐经赤水河道运入,至茅台起岸,此岸称"仁岸"。仁岸成为川盐入黔四大口岸之一。由于水陆畅通,八方商贾云集,马帮和舟楫络绎不绝,市场繁荣,茅台村成为"蜀盐走贵州,秦商聚茅台,家惟储酒卖,船只载盐多"的繁华集镇,因而茅台村一度改名"益商镇",简称"益镇"。但人们习惯称之为茅台,已经难以改变,因而再度改名为"茅台镇"。

茅台镇边赤水河(龙启权摄)

清末民初,贵州省三分之二的食盐由此起运各地,茅台镇因此名声在外。随着盐业的发展,茅台酒业也兴盛起来。茅台酒随盐一道被马帮运往外地,并逐渐名声大振,声望渐渐胜过了盐业。

茅台是一个饱经沧桑的千年古镇,镇口矗立着一座古朴雄伟、上书"中国第一酒镇"的镇门。镇门后约五十米距离是被茅台当地尊为神树的"茅台神树",神树枝叶茂盛,盘根错节,有近千年历史,可谓风雨沧桑。再前行近百米距离,就是茅台迎宾大道,宽阔气派,一排路灯如同迎宾的礼仪欢迎八方来客。顺着迎宾大道往里走,有一个十字路口,右边是茅台镇南坳社区，左边就是生产国酒茅台的茅台酒厂新大门，正面就是茅台镇的中心区。大道上方书写着"创建和谐茅台，打造世界名镇"的横标，这就是茅台镇。举目望去，镇上全是古色古香的苏州园林风格的建筑，微风吹过，阵阵酒香扑鼻而入，未饮已先醉。茅台有太多美好的东西，没有几天功夫是了解不完的。但在茅台镇，酒文化是你迫不及待就想要了解的。身在酒乡说茅台，自然别有一番风味。

　　酿制茅台酒用的主要是赤水河的水，赤水河水质好，用这种入口微甜、无溶解杂质的水经过蒸馏酿出的酒特别甘美。故清代诗人曾有"集灵泉于一身，汇秀水而东下"的诗句赞美赤水河。我曾听说为了提高茅台酒的产量，人们曾想到遵义去开辟新址，用同样的配料、同样的秘方、同样的工序，乃至由同样的师傅亲手造酒，结果是不管如何下功夫，酒味还是发生了变化，茅台的原汁原味硬是出不来。于是人们依然回到赤水河畔相对封闭的茅台镇上，依然保留某些手工作坊式的程序。这也是茅台酒的产量至今不算高的原因。我想起了"橘生淮南则为橘，生于淮北则为枳，叶徒相似，味实不同，所以然者何，水土异也"的古训。望着流淌了千万年的赤水河，我心想，这可真是一条神秘之河啊。

　　漫步在古镇的街道，触摸古镇的脉络，感受岁月的蹉跎，追寻酒乡的历史，几多感慨，几多苍凉。

　　走进茅台镇，你会嗅到历史的芬芳，空气中四处飘溢着酒的因子，诱惑着每一个想要亲近它的人。明清以来，尤其是明末清初后，茅台镇商业繁荣，文化昌盛，在西南社会发展史上占据着不可忽视的地位。古镇茅台，历经岁月的洗礼，内敛谦逊，如同一位饱经沧桑的老人，充满了传奇与精彩。品味茅台，虽然平淡，但行走于古镇的街道，无处不感受到那难以抗拒的神秘。处处皆有学问，处处暗藏玄机，处处神秘难猜，处处引人入胜。品味辉煌历史，感悟古镇生存之道，酒香飘溢四海，茅台酒惊五洲。茅台作为华夏历史上一个西南传奇重镇，就如同一颗璀璨的明珠，散发出耀眼的光芒。茅台古镇，是历史留给我们的一份穿越时空的财富，厚重的商业历史文化将伴随她走向更加辉煌灿烂的明天。

　　在世人眼中，孕育了茅台酒的古镇茅台似乎比茅台酒还要神秘百倍。千百年来，外界对这块土地的好奇心让茅台镇平添了几分魅力。如果不是身临其境，切身地感受茅台镇这份独特的魅力，就不可能体味那份对国酒之乡的好奇与崇敬。有人认为：未到茅台，让人神往；到了茅台，更加迷恋。

　　除了在茅台古镇游玩，我们还走了古镇周边的一些地方。在距茅台镇不远处，有两条河汇合于此，即赤水河和桐梓河，两河交汇处叫两河口（赤水河上的两河口有多处）。两河口峡谷深长，气势壮阔，悬崖上建有两河亭，亭旁是一本喻示"天赐琼浆于斯河矣"的"天书"，远眺可见郎酒厂天宝洞和二郎滩睡佛，可观吴公岩气势磅礴的大景。桐梓河为赤水河支流，从两河口可至仁怀市沙滩乡境内的浪子口。这条河属岩层断裂地段，多绝壁峡谷，河水清澈，犹如画廊一般。但由于山高谷深，河岸道路很不好走，许多地方我们没有办法沿河而行，这是我们此行的不足之处。在此段路程中，我们经历了女儿岩、涂家岩、浪子口、千口岩等重要节点,据当地人说,这些都是这条河上的重要景观。在这些景点之间有许多宽阔的天地,黔北民居与田园风光融为一体,加上山高险峻,山与水的融合,到处都是一幅幅秀丽的风景画,美不胜收,让人心旷神怡。

  在茅台镇参观赏景,我一面惊叹大自然无边神异,一面情不自禁地想起了赤水河与茅台酒之间的密切联系。它们都从大地深处奔涌而出,它们都吮吸了山川的精华,在人们的精心经营和努力打造中成就了时代的精华。我想,不管是物也好,还是人也好,只有在她生存的源头永远把自己的根深扎入大地的怀抱,永远有着灵动的活水来滋养,她的生命才会永远青春常在。

二十四 "美女"云集 二合镇

境外的人们对地处贵州省仁怀市境内的二合镇几乎不了解,因为这里没有红军的战场,没有传奇的故事,没有专门介绍的文章,就连网上也没有多少关于二合镇的介绍。我作为一名赤水河流域历史文化的研究者。我曾三次专门到二合镇的村落寻找文化古迹,并沿赤水河步行三十余里。除了没有路导致的不能通行的地方,其他的我都是步行走过的,走过了心里就踏实了,至少我能说,赤水河上的每一个文化节点我都去过。

二合镇地处仁怀市北部,赤水河中游,南与茅台镇交界,西邻四川省古蔺县,距仁怀市区大概 30 千米,赤习高速穿境而过,素有"赤水河畔小江南"的美誉。山峦地形,黄色沙石地质,二合镇境内煤资源丰富,但都尚未开发,山形地貌是完全的原生态,看上去到处是美丽山水和田园风光的画图。

赤水河沿岸的山路(龙启权摄)

赤水河流经二合镇境内 50 千米,沿河两岸民风古朴,集山水自然风光、探险漂流、盐运长征及酒文化为一体,风光旖旎。

记得十年前我到贵阳考察,途径二合,便在那里吃午饭。服务员是当地一个非常漂亮的姑娘,我问她:"你们二合镇有哪些美景可看?"她说:"我们这里美女可多了,数都数不完。"我说:"是美景?"她却说:"美景不就像个美女吗?美女不就是一道风景吗?"当时忙着赶路一笑了之,而今想起来她真是一个世外高人,我自愧不如。要说走过二合后的感受,可以借用那个姑娘的话说:"世间美女(景)到处皆是,就看你能不能发现。"

赤水河边的许多美景,往往就在不被人知的地方;大家都知道的美景,其实已经不再美了,美是它的内在文化在人们心灵的反应,而不是外表本身,现代许多美景都被厚厚的脚印和建筑遮盖了。

我最后一次去二合镇考察是2014年国庆节,因为要走许多山路,没有人愿意陪伴我,我只得一人独往。不去不知道,看到的真奇妙。在那大山深处,我终于看到了一个个尚未出嫁的"美女",让人欣喜让人狂。

这里最美的地方是赤水河峡谷。这个峡谷是经赤水河水千万年冲洗而成,两岸悬崖绝壁,河谷多被葱郁的林木和竹海淹没,从高处看去,赤水河就像一条巨龙游弋在大山之间,偶尔有鳞光闪现:近看是条河,滔滔北流;远看是条龙,蜿蜒游动。此时看到的山成了水,水成了龙,真是很难看到的靓丽风景。

场镇一角(龙启权摄)

穿境公路从赤水河岸半山腰通过,若在车上看美丽的风景,那是去北方大草原的事。要真实感受赤水河风光,得穿上运动鞋,学着当地农民,带上一把砍刀,沿着河边小道而行,那里真有你看不完的风景——风光秀美,景色迷人,滩多谷险,植被茂密,风貌原始,浑然天成;山与水、林与竹、人与石自成美景。

在二合河段,最具人文历史欣赏价值的"美女"要算吴公岩古盐渡。古盐渡位于吴公岩景区"美酒河"摩崖石刻之下,是赤水河盐运史的重要见证之一。据当地文史记载古盐渡距今有400多年的历史,曾经也是繁荣之极的赤水河盐运古渡口之一。该渡口在岩石上开凿而成,通达石梯皆依山而建,就地取石铺成。现在道路杂草丛生,但作为历史古迹,没有进行抢救维修,历史的痕迹依然可见,保存还算完好。石梯经过风吹雨打和盐水浸泡,现在变得洁白如玉,看上去就像一道通天"雪梯",非常优美。

在古盐渡下边不远处,有一个很少有人知道的"美女"叫瓮扁洞,它位于十里长滩下端。石滩峥嵘绵长，有葱郁的小山丘和谷地，有民居式的古盐运陈列室。河岸尚存古时留下的河堤，经历数百年风雨洗涤，现在已经变得古老沧桑。这里古朴秀美，在那赤水河的山与水之间，不知淹没了多少赤水河船歌，蕴藏了多少传奇的故事？这里确实是科考与探险的好去处。

　　再一个赤水河上不为人知的"美女"，就是现在的茅台酒的水源地。仁怀市在这里新建了一个占地面积22.6万平方米的酱香型白酒基地，即茅台镇白酒工业园区，现在大家喝到的茅台酒有的就产自这里。这个项目具有生态性，被世界纪录协会认定为"世界最大的无砖外墙原生态环保酒厂"，白酒业界纷纷引以为奇。大家一致认为，这个酱香型白酒基地的建成，又为美丽的赤水河奉献了一处靓丽新奇的酒文化风景。

　　在二合还有一个"美女"值得一提，那就是"紫云牛肉"。这里的牛肉以肉嫩汤鲜著名。我最欣赏的是烤牛肉，烤牛肉以卤制后再烤为主，食材本已熟透，味道进入内部，再次烤制是为表皮滚上火香。上桌前不计成本地撒上辣椒、姜葱等佐料，真是飘香四里，香气扑鼻，吃上一口你就甭想停下来。因为味道确实好，稍一停下，舌头上的麻辣味就直冲舌苔。等吃好后用凉水漱口，带着一身香气擦嘴走人，不过偷不得嘴，因为回家衣服上总会有余香。

　　看过赤水河边的一道道风景，二合镇算是一块未被开发的处女地，一个未出嫁的美女。在城市建设拉动产业发展快速升级的今天，但愿这片处女地不被污染，这个美女永远淳朴、靓丽。

二十五　桃李飘香赤水镇

早就听说赤水河边有个赤水镇，但就是不知道在哪里。后来在泸州开作协年会，叙永的同志告诉我赤水镇在四川的最南端，我便生出了向往之情；加之我对赤水河流域的历史文化有着浓厚的兴趣，所以总想找个机会去看个究竟。

鸟瞰赤水镇（李骁摄）

2014 年清明节，我本想带家人一起前往，但他们嫌路途遥远，加上另有事情安排，我便一人独往。开车从合江出发，一直到麻城都很顺利，过了麻城，便全是乡村公路，不过路况也算不错，都是水泥路面。然而石坝乡一过，走到赤水河边那就麻烦了：路是有一条，但是泥结石小公路，路面很窄，凹凸不平，许多地方需要找片石垫路才能通过。当时政府正在实施加快硬化工程，还有不少地方需要改道从便道上通行。如果遇到会车，那就麻烦了，有时要倒好几百米才能找到会车处。从石坝乡到赤水镇大概只有二十多里的车程，我走了近三个小时。到了赤水镇已经是下午两点多了。

赤水镇位于赤水河畔，是四川最南端的一个镇，隶属于四川叙永县管辖，距叙永县城 97 千米，与贵州毕节市七星关隔河相望，离贵州毕节市 86 千米，川云路 321 国道线南北穿过该镇,与鸡鸣三省的水潦彝族乡紧密相连,其间由一条新建的公路相衔接。赤水河东西横流,镇境内赤水河河段 70 余千米。镇边高山上耸立的雪山关,闻名川黔之间,其中有一长联,联曰:

是南来第一雄关,只有天在上头,许壮士生还,将军夜渡

作西蜀千年屏障,会当秋登绝顶,看滇池月小,黔岭云低

此联气势宏大,意境深远,堪称佳作。据古蔺县志记载,该联为时任赤水分县县佐的杨公石撰于辛酉年(1921 年)。

杨公石四女儿、现年八十三岁的杨瑞桥老人,诉说其父撰写雪山关联情景。
背者为杨外孙女张琴女士(毛汉东摄)

到达赤水镇,我便忙着找地方吃饭,正巧在赤水镇桥头就有一家小餐馆,我便走了进去,餐馆已经收拾好准备休息了,那老板娘还是很热情地为我做了饭菜。老板娘很年轻,很漂亮,也很健谈。由于我连续开车,已经有些疲倦,饭后就和她了解一些关于赤水镇的情况。她十分热情,还叫她的母亲在镇上帮我找了两个老文化人,给我讲一些赤水河边发生的故事,让我受益不浅。

在场镇上,一个姓黄的老师向我讲了一段赤水镇关于红军的故事。1935 年 1 月 29 日,土城战斗失利后的中央红军分为左、中、右三路渡过赤水河(即一渡赤水)进入了川南的赤水镇、石坝镇一带。有一支部队就住在赤水镇内的农民家,与老百姓相处较好,从不拿老百姓的东西,还帮群众做一些活计。

赤水镇属于川黔交界的边缘地带,在商贸经济上具有区位优势,对周边地区有较强的经济辐射能力。全镇盛产桃、李、杏、苹果、梨和柑橘等水果,公路边到处都有叫卖的果

农。当地的群众给我说,那里一年四季均有各类水果上市,在川滇黔各地享有较高声誉。

下午我一个人沿着赤水河边行走,想看看赤水河边的风景。这时候正是鲜花盛开的季节,赤水河两岸桃花、李花竞相开放,此时正是赏花的好时节。要说赏花,赤水镇的桃花和李花是绝对精品,开得十分艳丽,看上去满山遍野次第开放,红花、白花相映其间,蔚为壮观。由于赤水河山高谷深,气候呈垂直分布,沿山种植的李花、桃花,从山脚到山腰,逐次开放,有着像海浪一般的鲜明层次,煞是好看。走到花树下,一阵阵花香扑鼻而来,真让人兴奋不已,回头看赤水河边,不少苗族姑娘在洗衣玩水,一串串欢笑声荡漾在山谷之间,让人感受到山野农家的幸福与甜蜜。

赤水镇天鼓岩(涂电林摄)

据当地农民讲,这里有一个月的鲜花观赏期。听说我是从合江来的客人,是研究赤水河历史文化的,有几个农民便陪我在花海里转悠,给我讲一些当地的生活习惯。

就当我在桃花林里赏花照相的时候,有一个小姑娘一直跟着走。这个小姑娘很漂亮,很可爱。

后来遇到小女孩的母亲,我们攀谈起来,原来那小女孩一家都是苗族人,在交谈中,孩子母亲还给我讲了一些苗族的风俗习惯。她说,苗族有很多节日,踩山节、苗场节是大型的苗族同胞集会的日子。到这种节日,来自四面八方的苗家阿哥阿妹,总会穿上漂亮的自做服饰,在聚会的时候寻觅自己心爱的人。聚会时,他们不说话,而是通过挤芦笙(芦笙舞的一种,舞蹈动作优雅欢快)的方式来进行交流。在拥挤的人群中,有心的阿哥会用悠扬的芦笙声音来吸引自己喜欢的阿妹,有意的阿妹也会邀约三五个较好的姐妹一起故意去碰阿哥的芦笙。然后,通过对歌的方式,他们会互相了解到对方的心声及其为人。如果都爱上了对方,就会互相交换自己的腰带,作为见证爱情的礼物。当踩山节或者苗场即将散场时,阿哥会找来几个好兄弟帮忙,邀请阿妹到自己家里去。阿妹为了考验阿哥的诚意,总会撒娇不走，其她姐妹们也会拉着阿妹，不让阿哥如愿。经过反复拉扯，阿妹见到阿哥有真诚之意时，才会示意姐妹们放开手，自己心甘情愿被心爱的阿哥拉回家。

他们说，赤水镇还有彝族居住，彝族人最敬火，因为火是彝族的神灵，火与彝族有着千丝万缕的关系，火受彝族祖祖辈辈们的敬仰和崇拜。赤水河流域一带的彝族火把节时间通常在农历六月初五至初七，那时很热闹，她们邀请我到时去看看，我也就答应了。但愿今年那个时候我能有空应约，再去赤水河兑现我的承诺。

那天下午五点左右，天空突然下起了大雨，原计划赶到水潦彝族乡住宿的，也就只有改变计划，在镇上一家小旅馆住宿了。

二十六　彝乡水潦

水潦彝族乡位于叙永县西南部，南与贵州省、云南省隔赤水河相望，西与云南省接壤，因"一鸡啼叫，三省皆闻""一步踏三省"，故有"鸡鸣三省"美誉。这里地势南高北低，山峦起伏，岩溶裸露，蔚为壮观。赤水河在水潦山谷间穿梭，形成三岔河山水奇观，风景绝美。水潦因其是川、黔、云争议的焦点而闻名中外。

水潦彝族乡政府所在地水潦场位于乡域东南端的赤水河畔，处于"鸡鸣三省"交汇处的一面坡之上，特殊的地理位置使之成为叙永面向云南、贵州两省发展边境贸易的南大门。该场镇始建于明末清初，是四川向云南、贵州两省输送日用工业品的一条重要通道。因四川的盐和铁、云贵两省的山货在这里交易量较大，故此处又被当地人称为"金三角"和"小香港"。

登高水潦乡场远望，英雄的赤水河如一条白练盘旋于大山之间，流域所经乃该乡海拔最低点，南面高山绝壁，北面山野农家，时有浓雾笼罩深谷，河床时隐时现，阳光之下，山青地绿水亮，十分幽静，让人流连忘返。

位于四川省叙永县水潦乡的赤水河第一湾（郭可夫摄）

据民国三年立的三圣宫碑序文记载："吾里界属黔阳，三省当曲，犬牙交错，有蜀川倒流于臂左；虎踞盘环，得滇山峨敢于脑（右）。"民国年间，云南省镇雄县教育科长涂向仁曾为北肇家戛余氏土目题写大门联："东临蜀水，西拥滇山，鸡鸣三省钟灵地；昔尚武功，今崇文治，虎踞千秋耀德辉。"其文所称鸡鸣三省之地虽有争议，但后人可以作为参考。

这次考察，我从河边步行入山。经过观音岩，其悬崖陡壁半腰间，镶嵌着一条逼仄险要的川盐古道。陈云回忆录中曾提及："我们进入鸡鸣三省的那段路很险要，只能够一人行走，只要稍有阻塞，就将是全军覆没。"可见此路之险。我本不是胆小之人，但也心生畏惧，缓缓前行，不敢直起腰板大步走。

我在实地看到，云南、贵州、四川三省由三岔河呈"丫"状分成三边。三岔河仍称赤水河，其"丫"状由云南的赤水河和贵州的渭河汇聚而成。当地人称渭河是小河，赤水河是大河，当两条河流在"丫"状打岔处分流，然后又合并成一条河，如此便形成真正意义上的赤水河水系。站在云南的沙滩上看两条河水汇聚后向四川奔腾而去，滚滚东逝水的咏叹在心底念起；再看对面的贵州大山似乎看惯了风云变幻自巍然屹立，形如一堵顶天之墙。

赤水河上游的水潦发窝渡口（郭可夫摄）

三岔河沿岸高百丈，因年深月久，岩石风化严重。从山上往下看，河水因山清掩映而呈清绿色，走近看，河水更是清澈透底，绝对无污染的纯净。三岔河的崖缝间顽强伸展的大树，似乎吸纳了崖石中最坚强的血液，铁褐色的枝条上摇曳出嫩绿的叶片。这些老树，千百年来以自己的风骨活着，把生命的礼赞传递给山鸟和岩鹰，感动着潮湿的岩壁，凝固成累累苔痕。那陡峭的崖石石板，如出炉后冷却的钢锭，装点得崖壁更加沉默。岁月的刀锋不停地锲刻，黑黝的粗胚上有了盘错的浮雕和白色的修饰，犹如世界级大师难描的抽象写真。一泻而下的山泉，在崖隙中铿锵涌出，纯白的线条直涤河底，散开来幻化为一帘彩虹。悬崖上还有径流的羊肠堰渠，有山鹰居住的岩穴，奇险而壮观。据当地百姓说，以前常有群猴于崖上撑撷而下，会调皮地扔些小碎石惊吓河边的游人，现在猴迹已多年无踪。不过，不时可见树枝间隐约移动的野山羊角，河水里逐渐游远的一群野鸭。这里实在奇妙得让人不想离开。

我听说在三岔河的崖壁上有两个凌空的洞，当地人称之牺牛洞和蚂蚁洞，很想去看看，可多次寻找都没有找到。本来有路，许多年没人走，路也就消失了，不禁感慨，祖先们从没有路中走出了路，我们却让路出现断头消失不见。据说两个洞都与先民的生活有关，很遗憾因为没有路而无从考证。

彝乡水潦因三岔河的山水和谐交织而成一副美丽彩图，是云影和波光融合的画廊，美之极实在难以记述。"一鸡鸣唱，三省相闻"，我们领略了如此美景，也不枉走一回了。

二十七　探寻"鸡鸣三省"

关于赤水河边的"鸡鸣三省"之地的归属，历来都有争议。四川、贵州、云南都宣称"鸡鸣三省"在各自的辖区内，各方记者都从不同的视角做了大量的报道，种种说法把很多人都搞糊涂了，没有实地考察的人，根本就不知道到底是怎么回事。作为一个史学研究者，尊重历史查证真相是义不容辞的责任，这也是对历史的负责和对后人的负责。

就个人的观点，"鸡鸣三省"划定有广义和狭义两种说法。从广义上讲，"鸡鸣三省"属于一个地域名，在一定的区域内都可以叫"鸡鸣三省"地区，四川可以，贵州可以，云南也可以，不应该有争议，它只是一个概念，一种文化，不属于哪个地方单独拥有。从狭义上讲，"鸡鸣三省"主要是指当地民众历史习惯上称谓的地区，主要指白车碑文、水月洞、滴水台、白车溶洞、胡家老包、小梯子、犀牛洞、岔河大堰、林口碑文、老鹰洞、蚂蚁洞等以三岔河沙滩为中心的一圈地域，从辖地来看包括林口古镇的鸡鸣三省、渭河，团结乡的海嘎、鞍山和水潦彝族乡的岔河、云南的白车等村属范围。

赤水河上游三岔河（李刚摄）

据史料记载，在倒流河与林口渭河交汇的三岔河南岸，很早就有一个名叫"鸡鸣三省"的小庄子，属今林口镇管辖，庄子里多是苗族同胞。苗族同胞吃苦耐劳，聪明能干，长期在这深山峡谷中以耕种、捕鱼、熬硝，繁衍生息。据庄内民国三年（1914年）重立的《三圣宫碑序文》记载："吾里界属黔阳，三省当曲，犬牙交错，有蜀川倒流于臂左；虎踞盘环，得滇山峨敌于脑（右）。"自明、清数百年以来，由于林口古镇长期处在川盐古道之上，集市较为繁荣，毗邻林口集市的川滇两省村民在赶集时，都习惯于说赶"鸡鸣三省"。"鸡鸣三省"又成了林口集市的代名词。

现在的贵州七星关区林口镇鸡鸣三省村是唯一以"鸡鸣三省"命名的行政村，但这个村名与广义上的"鸡鸣三省"是有实质区别的。该村在高级社初期，为了与其他相邻各村一样，为紧跟当时政治形势，改名为"迎丰村"，之后又叫"迎丰大队"，先后隶属于当时的得胜、海戛公社管理。2000年后，随着旅游产业的快速发展，地域文化成了非常重要的旅游资源和地方名片，"鸡鸣三省"这张地方名片引起了周边地区各级党委、政府的高度重视。贵州七星关区抓住时机迅速将"鸡鸣三省"作为行政村地名来命名，正式将"鸡鸣三省村"列为林口镇管辖的一个行政村，包括鸡鸣三省小庄子（下寨）在内的六个村民组，同时也将这个区域作为旅游景区来进行规划开发。

赤水河谷（龙启权摄）

鸡鸣三省地区虽然偏僻，但因有赤水母亲河的千古润育和川滇古盐道的对外交往，其历史较为悠久，人文底蕴比较深厚。在这一地区，赤水河有两源头：一是南源渭河，二是北源银厂沟。银厂沟流入云南镇雄县境，与其他支流汇合后，蜿蜒迂回再折入林口古镇的鸡鸣三省村，与南源渭河交汇后向东滚滚而去。黔川滇三省边界具有云贵高原上典型的喀斯特地貌特点。景区内险峰重岭，河谷深切，崖壁陡峭，巉岩欲倾，古道盘旋，洞穴密布，泉瀑飞流，烟云盘托，植被多样。青龙山的最高峰隔河俯视云南乌龙山和四川朱家山，形成了壮丽奇秀的山水峡谷风光。奇特的地理位置和诸多的特定历史因素，造就了鸡鸣三省浓郁的地域风情、丰厚的历史文化。

鸡鸣三省地区的赤水河两岸，自古是彝族先民的领地。古代彝族"六祖"分支的恒部自滇入蜀后，其后裔扯勒支系长期统辖赤水河两岸黔蜀边境，在彝族历史上被称为赤水河畔"扯勒彝"。"扯勒彝"得到了赤水河的灵气滋养，兴旺发达，实力雄厚，明初被中央王朝册封四川永宁宣抚使,即水西彝族女政治家、贵州宣慰使奢香的娘家。洪武二十二年(1389年),置赤水卫,鸡鸣三省隶赤水卫管辖。明末,中央王朝实施"改土归流"政策,在天启、崇祯年间,"扯勒"土司奢崇明起兵反明失败,奢崇明之子奢震改姓为余,潜居四川水潦寨。此后,奢氏一些后裔也相继改为杨、苏、李、禄、张等汉姓,分居黔蜀边境赤水河两岸。属南岸贵州的各姓彝族土目,先后发展形成为八大夷屯,并归属水西安氏管辖。

清雍正七年(1729年),清政府清理疆界,以赤水河划界,把八夷屯划属毕节县辖地,并将八夷屯之地改称毕节东北"平定里"。彝族同胞引进汉学,积极倡导儒学教育,激励子孙参与朝廷科举考试。在清代、民国期间,夷屯先后涌现出了一批优秀的文化人物和突出的民主革命志士。如清代彝族诗人余家驹、余珍和辛亥革命志士余若瑔、余健光等。

鸡鸣三省地区以红色文化为核心,不仅是中央红军长征经过的地方,更重要的是中共中央政治局召开"鸡鸣三省"会议的重要地点。1935年2月4日(或5日),中共中央及中革军委、中央纵队进入鸡鸣三省之后,中共中央政治局遵照遵义会议精神,在鸡鸣三省召开常委分工会议,着重讨论和解决中央最高层组织调整问题。会议作出了以下决定:第一,决定由张闻天接替博古负中央总的责任;第二,决定以毛泽东为周恩来在军事指挥上的帮助者,博古任总政治部代理主任;第三,讨论和决定了中央红军的行动方向;第四,讨论了"中央苏区"问题。

为了更好地纪念"鸡鸣三省"会议、纪念中央红军经过鸡鸣三省,缅怀红军及老一辈无产阶级革命家的丰功伟绩,弘扬长征精神,1996年2月5日,原毕节市市委、毕节市人民政府在鸡鸣三省观音岩头的山巅之上,树立起了由肖克老将军亲自题字的"鸡鸣三省"纪念碑,云贵川三省人民从各个方位都能看见纪念碑的宏伟丰姿。每当旭日东升的时候,纪念碑顶端的红星就会闪闪发光,光芒四射,照耀万里。

二十八　红色石厢子

赤水河边的石厢子彝族乡，位于叙永县境南部，与贵州省毕节市隔赤水河相望，距叙永县城 77 千米，面积只有 36.2 平方千米，人口不到 1 万。据当地政府资料记载，石坝彝族乡原属古蔺管辖，1950 年名为石坝乡，1958 年与观兴乡合并为观兴公社，1962 年又分为观兴、普兴、石坝三个公社，1963 年由古蔺县划入叙永县管辖，1984 年建石坝彝族乡，2017 年更名为石厢子彝族乡。

石厢子彝族乡重视红军长征时期的遗迹保护。指挥部、驻军场等保存完好，"石厢子会议"陈列馆、红军行军图等红色元素到处可见。特别是红色广场边，竖立的纪念碑和火炬等标志建筑，令人肃然起敬，小广场前面高挂的五星红旗，在阳光照射下迎风飘扬，熠熠生辉。

石厢子镇全貌（李刚摄）

石厢子彝族乡处于高山河谷之间，赤水河穿境而过。由于自然因素，天然分割为高山四村和沿赤水河流域四村。其中赤水河流域四村为水果发展基地，初春时节，桃花、李花、梨花竞相开放，沿赤水河数十里山花烂漫，引游人无数。石厢子彝族乡的煤硅矿、石灰石和煤的储量也很大，生物资源相当丰富。

石厢子彝族乡的"火把节"不可不提。据当地老百姓说，每逢节日到来，整个乡场彩旗飘飘，唢呐阵阵，芦笙悠扬，彝家儿女喜气洋洋，身穿节日盛装，一张张灿烂的笑脸闪现在大街上。彝家阿哥阿妹齐聚寨门，着盛装、唱酒歌，用彝家最高礼节，欢迎来自四面八方的宾客。只要宾客进寨门，漂亮的彝族姑娘就会双手捧着彝族特制的米酒，唱着好听的敬酒歌，围着宾客敬酒，直到客人喝完这碗酒方可罢休。彝族姑娘的热情好客，让不会喝酒的宾客也不自觉地愉快接受。彝族习俗以姑娘敬酒为贵，不论任何场合只要是妇女敬酒，一般不得拒绝。彝族几乎家家都会酿酒，糯米酿制，口感好，不易醉。

彝族婚嫁蕴含着丰富的历史文化内涵。其中哭嫁是一大亮点，新娘为了表达自己对前途的担忧和对娘家人以及小伙伴的不舍，出嫁之日都会以大哭表达，哭得越厉害越好，这项习俗一直传承到现在。抢亲也是当地具有特色的民俗文化，抢亲当天，人们聚集在一起，新娘梳头和哭嫁后，新郎带着亲友团前来抢亲，亲友团故意扰乱现场秩序，新郎必须在混乱中找到自己的新娘，并将她背回家。

石厢子彝族乡还有许多故事没法全部记录下来。这里除了优秀的红色文化外，赤水河传承下来的河流文化也十分丰富。这里有独特的自然风光，古老的人文景观，浓厚的民族风情。这里山势雄伟，古木参天，有大型摩崖石刻"福"字，有传说中翼王石达开营盘遗址，还有古洞留仙、凤饮清泉、龙岗挂印、天马带甲等自然景观。因走得匆忙，还有不少景观未能前往，很是遗憾。或许，留下的遗憾，正是下次再来的最佳理由。

石厢子的山、水、人都很美，它的故事永远说不完。以后我一定会再去，不会让遗憾留在心头。

二十九　赤水河源考察记

随着对赤水河流域考察的深入，我被赤水河深厚的历史文化和美丽的自然风光深深吸引。为了搞清赤水河的源头，我常常日不思食，夜不能眠。由于时间和精力的原因，有时真想放弃。当我想放弃赤水河实地考察的后续写作的时候，有四个人的话总在脑海里回响。一位是曾红女士，她嘱咐我说："一定要把赤水河系列写完，成为一个系统的研究，这就是对历史的贡献。"虞潜先生对我说："历史上没有谁对赤水河历史文化系统研究过，你把它全程写完整了，那是一件了不起的事。"赵永康先生对我说："以作家的视角，用文学的笔法写赤水河，这是一种创举，一定要坚持写下去。"再一位就是赵晓东先生，他鼓励我说："这个系列的写作，是对历史的贡献，我坚决支持你。"这些朋友的期望和鼓励成了我坚持下去的强大动力，不把这个系列写完，真的对不起他们，我不能让他们失望。于是在放笔一段时间后，我又再次深入赤水河源头，认真探索赤水河的历史文化，品味大自然神奇的美。

赤水河源头在何方？学者们有各自的见解，有的说起源于三岔河，有的认为起源于云南镇雄，有的认为起源于云南威信。众多说法都有一定道理，因为定位的不同，结果当然不同，这无需争议。

在赤水河上游考察（郭可夫摄）

为了搞清赤水河到底发源于何处，我驱车开往雨河镇和赤水源镇，步行了百余千米，对当地老百姓所说的两条源头进行了实地考察。但由于赤水河边很多地方步行根本不能到达,尽管是实地考察,也还是有许多地方无法搞清楚。有的地方当地老百姓也没法说清楚,因为他们也没有去过。赤水河流经的大山峡谷地段不少是没有人烟的,故我的考察也只能是我能走到的地方。

到了雨河这个地方,我看到的河流与想象中的差距很大,非常熟悉波涛滚滚的赤水河,在这儿几乎是一股涓涓细流。浅浅的、亮晶晶的水流在浅黄色的碎石小河床里淙淙流淌,完全没有野性悍然,恰似一根琴弦,在这儿地久天长地拨动一曲生命起源之歌。

赤水河源头由两条小溪组成,一条来源于芒部镇段家屋基与老响坪之间的大山中,当地人称罗甸河;另一条起源于威信县的竹家沟,当地农民称厂文河。两条小溪在雨河镇境内汇合形成赤水河的源头河流,属于赤水河上游中的上游河段。此段河段很狭小,有些地方涨水时节是河,少雨时节是坝,小溪时有时无,不过还是可见一些宽阔的水域,只是没有连成河而已。

赤水河源头风光(龙启权摄)

上游小河至大榜上与从李家沟、韦家弯与黄坪方向流下的另一条小溪相汇,然后流向沟门口方向。沟门口河段两边是大山,河谷深而狭窄,从山路上看去就像一条白练横在大山中。赤水河到了雨河镇又与来自天麻沟、路坎上方向的一条小溪汇合,赤水河逐渐变大,到雨河镇基本像一条河的样子了。赤水河出雨河镇流向石梯子,经烟地沟向东南方向流淌到竹家沟,在南木湾与来自新街方向的小溪汇合后流向干天坝方向,到小河镇后转向东南方向奔流。妥泥这地方是赤水河的一个大转折点,到此河水直向南方流去。赤水河到了倒骑龙又与来自安家坝、雨萨村方向的一条小溪相汇,河流转向东流淌。这段河段在大山中穿行,两岸高山,中间峡谷,没有人烟和人行路道,当地很多群众都不知赤水河在这一段的情况。在罗甸村境内又有一条来自田家湾方向的小溪注入赤水河。赤水河在此又开始向北流动,到观音岩转向东流。到大水花地段河床加宽,然后流入沙坡与水落岩之间的大峡谷,直到花鱼洞地段河床才变得宽阔。到河坝这地方赤水河流向由北转东,拐了一个九十度的弯,大约行进30千米后又转向北方。到河口村河流发生了一个300度的大转弯,因此在此也形成了一个大的沙坝子,在此河水又吸收了一条小溪,然后一同向南奔流。赤水河到达渡口（地名）与另一条来自叙永境内观兴方向的河流（当地人叫小河）汇合，汇合地点叫河坝，汇合后水量相对丰富，河面变宽，河滩地突显，沙滩到处可见。此流域皆以大山为主，很少有农民居住，当地人称这段赤水河为鱼洞。鱼洞东流至川、滇、黔三省交界处的梯子岩，水量增大，被称为毕数河。然后又在穿越大山后在三岔河与来自贵州的渭河等汇合，形成了著名的"鸡鸣三省"的三岔河景观（在前文中有记述，不在此重复）。

从赤水河源头到三岔河，河水在大山峡谷中穿行，茂密的森林，雄奇的大山，奇特的丹霞地貌，令人惊叹。沿着赤水河边而行，蜿蜒奔流的赤水河与你相伴而行，山风习习，山鸟高翔，山泉流韵，瀑布高悬，美景尽收眼底。

为保护赤水河源头，当地政府在芒部境内倮倘坝一段，修筑河堤，堤岸植树，并在倮倘坝惊险的悬崖峭壁边立一记载整治赤水河源头的纪念碑。石碑上龙飞凤舞地镂刻下两行文字："金堤柳舞银玉带，赤源龙腾水晶宫。"这里的水晶宫，指水注入石岩之下的溶洞，颇为壮观。

三十　漫步雨河镇

2014年清明节，我独自驾车前往具有"赤水河源头"之称的雨河镇探访。雨河镇位于云南省昭通市镇雄县北部，东、西、南边与分别与大湾镇、木卓乡、芒部镇接壤，北邻威信县长安、林凤、石坎三个乡镇。该镇处在川南滇北重要交通线上，被称为云南入川的北大门。

雨河镇多高山峡谷，绿色植被覆盖全境。雄奇的大山与蜿蜒的小河相互交织，如银蛇盘旋。大山悬崖中流出的溪水，在迷雾缠绕中飘然而下，仿佛流星雨，此时恰有阳光照射，顿时喷射出星光万道，令人叹为观止。这些散落的流星雨坠入山谷汇聚成小溪，然后逐渐聚集成赤水河源头。

雨河镇景（龙启权摄）

雨河镇的当地人告诉我，雨河历史悠久，曾被称为"小京州"。小京州的地名可追溯到公元前135年，那时应归属于夜郎古国管辖，至今还可以存有稻作、鼓楼、巫傩文化的痕迹，"竹崇拜""牛图腾"等独特的民族风情展示着夜郎文化的丰富内涵。至于"小京州"什么时候演变为今天的雨河镇，我没有找到具体记载。

雨河镇面积约135平方千米，地势西南低，东北高，最高点位于黄坪花果岭，海拔2200米，地貌复杂，海拔差异大，少数河谷地带有亚热带气候特征，总体上形成春迟、夏短、秋早、冬长的立体气候特点。境内山峦连绵起伏，崇山叠翠，沟壑纵横交错，风光旖旎。坝子星罗棋布，坡地蜿蜒层叠。

作为典型的农业大镇，雨河镇的地下资源也较为丰富，主要有无烟煤、大理石、马牙石、石灰石等。同时，雨河镇小酒厂较多，满街镇都飘着酒香，据说还是闻名遐迩的"白酒之乡"。

雨河镇场镇不大，现代建筑与古体建筑错落相依，许多民居古朴古香，建筑构造独具匠心。该镇乡风和谐，民风朴实，滇南民俗风情氛围较浓。街上有许多高寿老人，他们是雨河发展的见证者，虽然脸上写满岁月沧桑，笑容却饱露纯净、知足和幸福。他们甚至忘记自己的高龄，牵着孙子到处游玩，尽享天伦之乐。

雨河镇有一所中学叫赤水源中学，以赤水河源头命名，可见历史久远。我去时恰逢假期，校门紧锁，也就无从进一步了解。

夜未央，灯火阑珊。我再次踏在古街铺满青石板的路上，仰望青瓦屋檐，雨水淅沥落下，时而飘来几句山歌在夜空回响，几名穿着民俗服装的姑娘与我擦肩而过，三五两人相约在街摊前品尝小吃……这样的夜令我感慨万千，竟生出与雨河难舍难离的情结，这种情结也是财富，让我受用终生。

三十一　镇雄县的"古芒部"

镇雄县的芒部、雨河皆是赤水河的发源地之一。在此区域，到处都是赤水河的身影，但很难找到赤水河的真身，因为一条条小溪穿越在大山与大山之间，它们纵横交织，婉转盘旋，在乡镇与乡镇之间穿梭而过，最后流到山谷的最低点，成为赤水河的一个组成部分，这也正是赤水河之源。

在镇雄县的版图上，芒部镇地处中心地带，东与尖山、大湾接壤，南与赤水源镇毗邻，西和五德相接，北连木卓、雨河。海拔大多在1600米以上，该镇面积142平方千米，常住人口4.5万人，是汉、彝、苗三种民族杂居的地区。

芒部镇内的赤水河（龙启权摄）

我对芒部不了解，当地的文化人就给我讲了很多关于芒部的传说。他们说："古之芒部，即今之镇雄，远近皆知。"远在唐代就在此设芒部部，属今镇雄、彝良、威信和贵州赫章等地政治、经济、文化中心，寄置西南番部都大巡检使司；元置芒部军民总管府，隶属云南行中书省。明朝时芒部是与昭通平级的，明洪武十五年（1382年）置芒部卫指挥使司，十六年（1383年）正月升为府，改隶四川省，十七年（1384年）五月升为芒部军民府。清嘉庆五年（1526年）因设镇雄州，芒部降为州辖地，清雍正五年（1727年）随同镇雄划归云南，清末设上百迎恩里一甲，民国初在这里设上北区团，1934年设第九区于芒部，1940年设芒部镇,1950 年设芒部区,1988 年改为芒部镇至今。

在芒部镇,老乡引我到了当地有名的茶园村,这里具有"小石林"之称,可能由于地质结构变化的原因,使得这里岩石高耸,群峰罗列,形象万千,风光绮丽,景色迷人,四周群山环绕,绿树成荫,鸟语花香,令人留恋往返。

为了寻找古芒部的踪迹,他们带我到了莲花山。这里听说是古芒部的核心地区,我们走了几处景观后,便去寻找具有文化符号记载的"古芒部"石刻,这处石刻在莲花山下,依石而刻,每字一米见方,笔力遒劲,今仍栩栩如生。这是道光二十七年(1848 年)镇雄州牧吴铣怀古,遂书"古芒部"三个字,命石工刻于岩壁之上的。

芒部的文物古迹较多。在那儿,天官府的古城墙和城门今犹尚存;凌霄涯下的石乌龟和天然溶洞里奔腾的石马,在当地人中演绎着古芒部美丽的传奇;天崇山上古老的寺庙,香烟缭绕,演绎着许多当地人的故事。一个姓王的老教师告诉我,落水洞生态林果基地也很不错,现在有许多人去玩。每年一至三月百花争艳,蜂飞蝶舞,游人络绎不绝,四至十月则桃红李绿,梨壮杏肥,硕果满枝,采撷者和商贩来往穿梭,目不暇接。

赤水河航运(龙启权摄)

芒部镇居住了很多彝族人,相传古芒部彝族属于黑彝族,黑彝族是在一个很长的历史时期内居住在古芒部的彝族群体,称为黑彝中的芒部支系。贵州彝书说:"一世孟,自牦牛徼外人居于邛之卤。"贵州彝族与古芒部彝族,乃同祖异支,一世孟乃共同的祖先。他们最早来自现今四川甘孜藏族自治州一带。相传慕齐齐的第十一世孙默阿德,率部攻占了濮人的扯扯俄海(今咸宁境)等地,其子名叫默德施,武功高强,威名显赫,默氏家族自此都以德施氏命名。默部德施氏的后裔,后来分为四个主要的支系,向东川、芒部、普安、水西发展。传到必额勿时,长子勿阿克,承受德施家业,为云南东川阿于部首领;次子勿阿娄,迁往慕阿热,为贵州郎岱(六枝)陇氏之祖;三子勿阿乃,迁往阿洼惹,为贵州普安龙氏之祖,幼子勿阿纳,是开基水西安氏之祖,也就是古芒部彝族公认的当地始祖。

在芒部彝族中有关于"洪水泛滥,洪水潮天"的传说,他们说是彝族历史上的一件大事。据我所查历史,彝族中关于"洪水连天"的传说,其时间是在彝族始祖笃慕时代,是西周时期的历史。笃慕的年代约为公元前 760 年,迄今约二千七百多年。这就是说,彝族中传说的"洪水连天",可能发生在周平王时期。

在芒部镇寻找赤水河之源,虽然在境内没有看到赤水河主河段,但所见所闻,确具有一定的历史文化考证价值,记录于此,可供后人研究参考。

三十二　让人难忘的镇雄县坡头镇

我到镇雄坡头镇实地考察，正是初春时节，天气还有些冷，本想随赤水河而上，怎奈河边很多地段不通公路，有公路也是高低不平，行车很难，不过，一路风光旖旎，景色很美。天坑和黑山石给我留下美好记忆。

镇雄地处云贵川三省结合部和云贵高原北部斜坡地带，境内山峦起伏、沟壑纵横，地质景观多为典型的喀斯特地貌，到处可见峡谷奇观。这些地方的路极不好走，稍有不慎便会迷路或被困，一失足就容易坠落于悬崖、深洞或暗河。

坡头镇位于镇雄县城东北方向，也有"鸡鸣三省"之称。此地多悬崖峭壁，风景独特。从农民建房来看，坡头镇贫穷落后，很多地方没有通公路。据当地农民介绍，这里的山路基本上是农民自己一锤一锄修出来的，很多出入地都被高高的杂草覆盖，有时甚至分不清哪是草地，哪是公路。德隆村有位农民说，他们出行全靠双腿，但不觉得累，因为山路很美，空气清新得让人陶醉。对此，我深有同感。

研究赤水河已成为学界共同关注的焦点之一，
不断有学者跋涉在赤水河两岸进行各种研究（张采秀摄）

坡头镇境内有赤水河、渭河两条河流，赤水河横贯境内东西，为镇雄县三大水系之一，滔滔赤水蜿蜒于群峰之间，集灵泉于一身，汇百水而东下，是下游酿造名酒的优质水源。

坡头镇区域山水相依，悬崖重生，风景优美。胡家老包、白车溶洞、白车碑文、水雾洞、滴水台等景点都各有特色。白车溶洞在镇内很有名，它位于老鹰洞斜对面，隔坡头大约 12 千米。沿白车小路向下，到名为"小梯子"处往右走，道路十分艰难，需要翻越很高的石梯子才能达到。"白车溶洞"有双重洞口，门口洞口可以清晰看到"鸡鸣三省"交界景象，洞口岩壁上有一小缝，即为白车溶洞的二重洞口。入洞口十分狭窄，非身材细小者不能进入。洞内黑暗无光，途中有一个坡坎特别狭窄，需脚先入才能行进，不过，过了此坎，便是宽敞迷人的溶洞大厅，金碧辉煌耀人双眼，恍如置身于人间天堂。

经当地人推荐，我到距白车溶洞不足五百米的白车碑文景点实地察看。碑上"鸡鸣三省"四个刚劲大字，为云南省镇雄县政府委托镇雄书法家王荣义先生题写，凡到坡头镇一定要到这里留影纪念。碑脚下是白车水雾洞和滴水台，不远处则是甘沟和老鹰洞，抬眼看去犹如一面旗帜挂在高空。

在坡头镇考察，我基本上是步行。一天中午时分，到一农户家找水喝，农家妹子听说我来当地考察，对我很热情，并主动留我在她家吃饭，我不好意思地推却，那妹子说了句话让我一辈子也难忘。她说："没吃饭就没吃饭，有什么不好意思呢？我们农民家多双筷子添个碗，却待了一个客人，做了一件好事，这是多划得来的事呀。来一起吃吧。"我说："你不怕我是坏人吗？"她却说："坏人在好人面前会变成好人，坏人在坏人面前就会变成坏人。"说着，她便为我盛了一大碗白米饭，让我和他们一起吃。告辞的时候，我递给她 100 元钱，但她坚决不要。直到今天，我还在想着那一幕情景，那一张张淳朴、热情、善良的脸，那些朴实而很富有哲理的话也愈加清晰。

坡头镇我只是随便走走，但留给我的记忆却不敢随便忘掉。

三十三　古蔺县椒园乡

椒园乡位于赤水河中游北岸地带，隔河与贵州省仁怀市相望，距古蔺县城 62 千米，是古蔺县的南大门。赤水河沿着辖区的犀牛、玉河、龙凤、育林、椒园、水田等村的边界穿流而下。两岸青山绿水，风光旖旎。在辖区的赤水河道上，设有渔背渡口、渔塘河渡口、新渡渡口、白洋坪渡口等四个渡口，这些渡口是与贵州的仁怀、金沙、毕节等地进行经济与文化交流的重要交通要道。

椒园方圆 10 里均种植椒子树，椒园由此而得名。该乡有椒园、水田、苏门、育林、龙凤、钟山、回营、新庄等八个行政村，居住有汉、苗、彝等民族，面积 92 平方千米，境内平均海拔 800 米，平均气温 20 摄氏度，是赤水河流域常旱乡之一，也是赤水河畔的川黔边贸集镇之一。

民国时期，椒园辖区有十二个堡。椒园场是川黔边陲古老而繁华的一个集市。市场交易品种繁多，主要以食品为主，其次是土布、食盐、土烟、山烟等。除椒园场外，距椒园西北方八里处有个绿豆场。传说，该场开场时，来赶集的人较少，有一位老人提一篮绿豆不小心打翻在地上，于是该场就命名为绿豆场。据当地老百姓说，这个场镇原来叫繁华，历史悠久，曾经是官府办公所在。张献忠袭川经过此地时，放火焚烧了整个场镇，现在看到的建筑都是后来建造的。

椒园乡内的赤水河（龙启权摄）

除了椒园场、绿豆场，距离椒园场东面十里处的水田寨，也很繁华。水田寨集市历史上主要以食盐、布匹、汉面交易为主，吸引了方圆上百里的客商。据说，在清朝时期，水田寨有上百架机头织布，两百多台纺车纺线，生产手工汉面的就有十多家。

椒园乡民俗文化较发达，自古以来就有灯笼之乡的美誉。就龙灯而言，椒园有太平龙、土红有家族龙、绿红有宗族龙。此外，高寨的花灯、纳坡的牛灯、土红的马灯、观龙的狮灯也很有名气。逢年过节，各式各样的灯聚集在一起嬉闹游乐，祝福一年交好运。

相传红军也曾经过椒原乡。1935年，红军四渡赤水时有一小分队红军从龙山到曾营庄，打土豪、分粮食，后从观文丫叉到椒园，从赤水河上游的渔塘河渡口经过，再从金沙的清池镇经过，到遵义与红军主力汇合。

椒园乡历史悠久，目前发现的古墓、庙宇较多。其中育林村一座距今200余年的古墓保存完好。其墓宽直径约5米，墓高约9米，墓主人甄纪钧，是清代五品官员。古墓石雕精美，墓碑上刻有死者生平介绍和精美的石雕，包括圆雕、深浮雕、浅浮雕以及镂空雕，雕刻物包括人物、花草树木、禽鸟等。雕刻艺术精湛，栩栩如生。根据墓碑的建造方式、材质以及所设置的排水系统，可以看出当时当地的风俗习惯、经济发展状况。在水田坝左侧的山坡上，现存留有清代古墓群二十余座，这对于了解当时的丧葬风俗、经济发展、建筑水平、文化艺术等都有较高的研究价值。

椒园乡因发现恐龙化石事件引起考古界的高度重视。有人在一处悬崖上发现了一些保存非常完好的印记，随即报告当地政府，当地政府迅速向有关文物部门报告，地方专家初步确定为恐龙脚印。我在当地村民带领下进行了实地考察。向悬崖望去，陡壁上有几组清晰的大型脚印朝向同一方向，延伸到断壁外，图像清晰可见。恐龙脚印下方是一家废弃的砖厂，当地人说，当时就是砖厂在开采时发现这些恐龙脚印化石的，发现后就停止开采，当地政府将这些脚印保护了起来。

2010年8月22日，美国科罗拉多大学马丁·洛克利教授、德国维藤赫德大学苏珊娜博士、中国古生物专家邢立达以及四川省山地救援队、泸州市山地救援队的队员结伴来到古蔺县椒园乡进行了实地考古，认定村民发现就是恐龙脚印化石。考古专家通过对悬崖上脚印的纹路进行详细勘察和对比分析，发现有六层不同的脚印，脚印大约有40公分，恐龙身长大约五米。恐龙脚印有3个脚趾，应该是食肉恐龙。专家们在垂直的陡壁上发现了10个左右的恐龙足迹，其中，在横向的地层里发现了至少6到8层的不同的恐龙脚印，保存得非常完好。专家们确定这是一组比较早期的侏罗纪恐龙脚印化石。此前在四川盆地发现了非常多的侏罗纪中期和晚期的恐龙化石，而侏罗纪早期的恐龙化石则相当稀少。

（注：本文基本素材由古蔺县罗锋提供）

三十四　古彝源地马蹄乡

马蹄乡地处川黔两省接壤处，居于古蔺县南部，是赤水河古蔺段最上游的一个乡镇。赤水河支流——马蹄河流经境内 30 余千米，水位落差大，河溪景观较多。东与古蔺县椒园乡接壤，南与贵州省毕节市大屯、普尼、田坎三乡隔赤水河相望，西与叙永县赤水镇相连，北邻古蔺县马嘶苗族乡、双沙镇，在地图看，该乡直插云贵深部，沿赤水河呈带状分布，所以当地人称该乡为"西南入川第一乡"，全乡人居主要分布在赤水河上游干热河谷地带。

一线天风光（龙启权摄）

大自然的鬼斧神工造就了气势磅礴的乌蒙山系，在乌蒙山系大娄山西段，婀娜多姿的赤水河无私地滋养着马蹄乡两岸的富饶土地，也孕育了沿岸丰厚的人文历史。该乡内有汉、苗、彝三个主要民族居住，是民族融合的重要地区。民间相传，早在元末明初，著名女政治家奢香曾在这里度过快乐的少女时代，明末"奢王"奢从明，曾筑城于此。我曾一度找寻这个古"奢王"的行宫遗址，而今能看到的只是一片废墟，但通过曾经雄踞城门口的一对石狮子，可以想象当时的"奢王"行宫是怎样的恢弘气势，奢氏家族是怎样的发达兴旺，当时的经济文化是怎样的繁荣有加。

走进相对边沿化的马蹄乡，进入眼帘的都是大山峡谷。然而在峡谷的河岸我却感受到了丰富的资源和深厚的文化。此地有风景优美的"天坑地缝、十八罗汉山"景观；有扁山雾雪、红岩日出、甲头蛇印、白塔凌云、古柏参天、龙井甘泉、树顶祥禽、流沙悬念等古八景；有尚存距今近400年（相传毁于明末）的奢王府遗址。当地老百姓说："走进马蹄乡，季季有奇观，睡觉睡得好，吃饭吃得香。"他们说的是一年四季到马蹄乡都有值得看的玩的：春季——赏百花齐放，夏季——玩漂流寻石，秋季——游古迹新村，冬季——品傲枝甜橙。

马蹄乡的历史与其周边相比较久远，自古以来为羿人（墙院村等地还有自称羿人后裔）与彝族杂居地。明初以前，地方行政长官为世袭制，由彝族土司——"奢王"统领马蹄一带，从历史考察来看，当时没有建制。为了便于百姓农产品与商品的交易，奢王组织原住民在马莲堡关帝庙门口一带建了一条街道。明朝崇祯年间，时主政的"奢王"兵败潜逃，朝廷"改土归流"后，才在马莲堡设"堡"，与周边的纳沙堡、海螺堡、麻县堡、德安堡属同一个行政区域辖制。

马蹄乡内有"天坑地缝""马刨井""十八罗汉山"等重要景观和文物古迹。由于时间关系，我只是走访调查了一些地方。

考察赤水河畔的古碑（龙启权摄）

土地关是一处很有名的历史古迹，作为历史研究者，我找了一个当地的王老师陪我实地考察。据王老师介绍，明代崇祯以前，马蹄一带由彝族土司——"奢王"统领。当时马蹄与外地通商贸易的通道是从马莲堡出发，经马口头、麻窝、羊角脑，再经红子筶等地前往白撒（今双沙）方向，这条路也是古蔺历史上的盐马古道。说是"盐马古道"，其实是人力运输。马蹄境内的盐运起于叙永，经后山、麻城、双沙，从土地关进入马蹄后，途经土地关、麻窝、马口头，到马岭村的马连普、李家湾、黄连嘴、观音岩、三道坎，在赤水河边的大河口渡口过河，最终到贵州的瓢儿井。当时奢王为了巩固地方政权，在麻窝往白撒方向的关隘处修建了一个关门，并派兵把守，管理盐运，控制人员进出。随着时间的推移，附近的居民陆续靠近关门建房居住，随着居民的增多，关口旁边开始变得热闹起来，于是有人就在关门往马蹄方向的地方修建了一座土地庙，庙旁种植了两株大柏树，土地关由此得名。可惜后来由于各种原因，土地庙被撤。如今，古迹尚存，关已不在，仅剩当年关门上的一首古诗流传下来："虎踞龙盘土地关，千山环水水环山。莫将此景寻常看，此是桃源第一山。"

从马蹄街出发，沿马蹄河逆流而上，约4000米，就是天坑地缝所在地。这个地缝全长3000余米，是因地壳变化而形成的。天坑地缝下游入口掩藏在茂密的森林中。走进天坑地缝，只见两岸高约百米的刀削斧劈般的悬崖峭壁，在这些悬崖峭壁上悬挂着无数造型各异、形态优美的钟乳石，有的如美女攀岩，有的如仙人下界。天坑地缝时宽时窄，最宽处约有100米，最窄处不足2米，有的地方还有很窄的地缝，人根本无法通过。清澈甘冽的泉水贯穿整个地缝，沿途不时出现一个个深幽的小潭。泉水两岸的湿地或是较矮的岩壁上长满了许许多多不知名的植物，俨然一个天然的植物园。走进地缝深处，甚感幽深凉爽，光线幽暗，山泉水发出的汩汩之声悠扬动听，有世外桃源的感觉。天坑地缝上游出口在古蔺县双沙镇陈坪村。这个地缝相对武隆、织金等天坑地缝，略显玲珑，但是峡深壁立、植被原始、茂林摇曳，加上悬瀑流泉、潭碧涧清、空气清爽。置身其中，人世间所有的纷纷扰扰、尘埃喧嚣荡然无存。加上人迹罕至，鸟兽无痕，这里的确是一个荡涤心灵、修身养性的完美所在。

元末明初，马蹄滩大河口是一个重要的地理要冲，有一个非常有能力的奢王在这里居住，并在此建立了城堡，统领着剌撒堡（今马蹄乡）、海螺堡（今叙永赤水）、养马嘶（古蔺马嘶乡）、白撒所（今古蔺双沙）等一带的奢王。由于他治理有方，老百姓安居乐业，因此他深受老百姓爱戴，实力逐渐强大。明王朝担心奢王日后生事，多次派使者从成都来到马蹄，劝说奢王归顺，但是奢王不为所动。于是，朝廷决定武力收复，派高政（传说中的高先锋）到古蔺追剿奢王。据说，高政带兵从成都，经泸州、叙永到了白撒（今双沙），首先攻取了锁城（今双沙锁城，原系奢王的弟弟的统领地），随后大军直至马蹄。在今马蹄土关村的土地关以北，奢王凭借土地关一夫当关万夫莫开的自然天险与高政所率明军进行数天数夜的激战，抵挡了高政的多次进攻。高政屡攻屡败，军士死伤过大，万般无奈，只好在得安堡（今双沙德安）安营扎寨寻找战机。在苦寻战机的过程中，有高人给高政献"借羊火攻计"，高政采纳之，秘令士兵准备了100头羊，200只灯笼，200把尖刀，100根桐油火把，100个大鼓，然后在羊的角上栓上尖刀挂上灯笼，在羊尾巴栓上桐油火把，派士兵趁着夜色把羊赶到山脚下，点亮羊角上的灯笼，点燃了羊尾巴上的桐油火把，把羊往山上一赶。羊被桐油火把烧痛了，拼命地往土地关山上冲，这时佛椅山上的100面大鼓"咚咚"一起擂鸣，羊尾巴上的桐油火把越烧越旺，羊越来越痛，外加突如其来雷鸣般的战鼓声的恐吓，越跑越猛……奢王把守土地关的士兵见这突如其来"士兵"往山上攻来，连忙奋起反抗，哪知这群"士兵"不怕死，特别擅长爬悬崖陡坡，面对蜂拥而上"越战越勇"越来越多的"士兵",奢王士兵只好弃关而逃。固若金汤的土地关堡垒被高政攻破,奢王只好经月亮山(今马蹄马岭村月亮山)退守红岩脚河边的大本营奢王府。

考察团部分成员在进行田野考察(张采秀摄)

相传,高政攻下易守难攻的土地关,非常高兴,下命将已经遍体鳞伤的"士兵"杀了,犒赏将士。士兵在烤熟了的羊肉上撒上盐,美美地饱餐了一顿后继续追击,追了好一段的路程。由于羊肉盐撒得太多,高政的战马和士兵们口渴难忍,面对一片被烈日烤得滚烫的沙岩,高政所骑的战马奋蹄往沙石里狠狠踏了三下,沙石上立即凹下一个直径三尺多,深二尺多的一个马蹄脚印,马蹄脚印里立刻冒出了甘甜的清泉,士兵们一拥而上,围着马蹄印痛饮甘泉。而马则退到另一边让士兵们先饮,等众多士兵都饮够了,战马却活生生渴死在一旁。

马蹄街村南面有座羊嘶岩。这里历来是苗彝聚居地。据传,在"改土归流"之前,统领马蹄的奢王,将行宫——奢王府建在了山下。历代奢王一直将羊嘶岩作为放牧的牧场,山上的原住民都是奢王安排在那放牧的。一年四季,牛羊满山,每天晨昏日落,山上都会传来牛羊的嘶鸣,所以人们就把位于奢王府行宫背后的这座大山叫做羊嘶岩。奢王兵败后,当年的彝民全部追随奢王离开了。如今,山上的寨子里住着的是 300 余口苗族同胞。每年正月间,羊嘶岩苗寨都会坚持举办节目丰富的"踩山节"。周围十里八乡的各族同胞都会集聚欢庆。

(注:文中部分历史素材由古蔺县邓林提供。)

三十五　山水交融水口镇

在我的印象中，水口镇位于川黔交界的赤水河北岸，与国酒之乡贵州茅台镇隔河相望，地势西高东低，山势险峻，中西部山势趋缓，丘陵较多。流经水口镇的赤水河段位于赤水河中段，全长20多千米，流经8个村，为水口这片热土注入了生机和活力，孕育了丰富的旅游资源，养育着一代代朴实勤劳的人民。

赤水河上游"岔河"风貌一角（郭可夫摄）

水口镇是"黔北入川第一镇""杨梅之乡"，也是红军四渡赤水第三渡转战的地方。当地民族以汉、苗为主。据当地村民说，清光绪初年，老水口街后建有一寺庙，取名水口寺。当地农民大多信佛，后人就沿用这个寺名为镇名，水口便由此得名。

赤水河沿岸，川黔两地善男信女众多，佛道兼容的碧云寺香火颇旺。据考，碧云寺始建于明末清初，全寺计有殿堂十多间，有燃香殿、祈祷殿、佛教堂、诵经堂等，供奉着释迦牟尼、玉皇大帝、燃灯古佛、观音大士等端严肃穆的神像数十尊。寺庙四周群峰环立，怪石嶙峋，林荫掩翳，幽深险绝。极目眺望，神奇的伟人峰横卧云天下，令人神往。据传，昔有壮士名青川者远行，斩青、赤二妖后化为青山。其母遥望蓝天，盼子归来，后坐化为寺后最高主山碧云峰，周围有石人、石轿、石海螺、石金钟等险峰环峙，云蒸霞蔚，气象万千，人们特建碧云寺以志，因寺庙巍峨，声名远播。

青云湖是该镇内一个风景优美,负氧离子较高的山地湖泊。集旅游观光,休闲度假的一块风水宝地。它位于水口镇怀场村,紧靠309省道。湖山占地面积两万余平方米,湖泊面积十万余平方米。青云湖由喀斯特地貌天然形成,周围林木蓊郁,湖内碧波荡漾,湖光山色,相互辉映,秀美难状。游人到此,眼观鱼翔浅底,耳闻鸟鸣高树,既可登山揽胜,又可垂钓清波。此地居民民风淳厚,待人热情,令游客有宾至如归之感。

赤水河之美,美在原生态的特性和神奇的传说。赤水河边的一条条小河流淌出一道道靓丽的风景。其中,在水口、怀场交界处形成的两江沟瀑布远近闻名。瀑布从近二百米高的山谷倾泻而下,翻涌起一颗颗亮丽的珍珠。远观,似一缕缕青烟,旋转升腾;挨近,水珠飞溅在身上,痒酥酥的想要被融化。奔流注入谷底后化为深潭,而后九曲回环,潺潺流淌汇入赤水河。沿河形成多个碧潭,有羊角塘、女儿塘、鱼跳涧、穿山洞,夹岸奇峰耸峙,林壑优美,虫鸣鸟唱,风光无限,一幅幅迤逦的画卷,令人赞不绝口。据当地民众说,相传潭中时有仙娥戏水,蛟龙翻波等奇观出现,可谓"苍山峨峨孕俊杰,碧水滔滔伏蛟龙"。

水口一角(龙启权摄)

水口镇与贵州茅台交界之地,有个叫陈胡屯的村子,红军途经时突遭敌人空袭,近百名红军壮烈牺牲。惨烈的场面成了当地百姓永恒难忘的记忆。为缅怀因革命而壮烈牺牲的先烈,激励后人弘扬红军精神,2006年8月,仁怀市委市、市政府将当年红军在陈胡屯遭敌人突袭之地整理修建绿化,建成爱国主义教育基地,取名为陈胡屯红军烈士纪念园。每年清明节,附近的川黔师生都会前来祭奠先烈英灵。

最后再介绍下水口有名的特产,杨梅。柏腊杨梅林海因其规模成片的百年野生杨梅而享誉川黔。林海占地万余亩,绵延十余千米,有"十里绿长廊""天然氧吧""绿色客厅"之美誉。

野生杨梅属常绿树科目,是一种喜湿、耐阴寒的亚热带水果树种,具有很高的药用和食用价值,据《本草纲目》记载:"杨梅可止渴、和五脏、能涤肠胃、除烦愤恶气"。用杨梅泡制的杨梅酒更是具有延年益寿的特殊功效。

野生杨梅不择地势，不求索取，在山间自然生长，可谓随遇而生；即使在寒冷的冬天也展露其满树翠绿永不凋谢的风姿。杨梅的极强生命力，在平凡中显露其不屈不饶的精神，这种精神与赤水河流域农民那淳朴善良的特质形成了高度的契合。

（注：文章中的历史素材由古蔺县杨德才提供）

三十六　榕树成荫的仁怀市沙滩乡

我在写"走进赤水河系列"文章初,对沙滩乡并不那么在意,因为写"十里长峡"那一节包含了沙滩乡的部分内容,也就没有把沙滩乡单列出来写。随"古代西南出海丝绸之路考察活动"走进沙滩乡,听了龙先绪的一些介绍,我增进了对沙滩乡的了解,于是决定把它单列出来,向读者做更详细的介绍。

沙滩乡位于贵州省遵义市仁怀市西北端,东邻三合镇,南接合马镇,西毗四川古蔺县二郎镇,北连习水县习酒镇。该乡因沙滩场西侧的赤水河畔有一片由沙子淤积成的陆地而得名。集镇虽然没有在赤水河边,但它位于两河峡谷形成的半岛地域,赤水河、桐梓河都从境内穿过,码头渡口也较多,历史文化比较厚重,自然风光和人文景观较多。该乡境内的吴公岩是很有名的旅游景点,有"美酒河"巨型摩崖石刻、古盐道、长征路、石刻长龙等历史人文景观。

考察团部分成员在仁怀市淹家渡合影(张采秀摄)

为进一步认识沙滩乡,我继"古代西南出海丝绸之路考察活动"之后,再次来到沙滩乡。这次安排了两天,经过走访座谈,收集到了大量的史实素材,感到十分欣慰。

沙滩乡的老街在赤水河边,曾是清代和民国年间赤水河盐运的重要中转站之一,当年设有码头和盐号,船来人往,热闹异常。这里有很多黄桷树(当地人都叫黄桷树),大多长于河床边,粗大的树干要多人才能合抱,树枝呈抛物线向四方伸出,犹如从地层深处喷射出来的绿色水花,鼓突的根系错杂盘缠,呈现出不同的形状。据当地人讲,有些古树已寿逾千岁。

沙滩老街实际上是依山傍水而建的半边街,一面是古风犹存的老屋,一面是守护着河堤的黄桷树。街中的黄桷树繁枝摇绿,倩影飘芬,竞相争艳,各展风姿,宛若一群风姿妖娆的窈窕淑女。街道南端有两株比邻而居的黄桷树,前靠河边,后依古屋,龙冠凤尾,超尘脱俗,简直是没有雕饰的天然巨型盆景,比起艺术家们创作的案头之作,自然要豪放大方得多。根植于街北的大黄桷树,主枝昂首向天,旁枝伸展于澄清的河面,呈悟空肩扛芭蕉扇之状,蔚为壮观。据当地人讲,每当春天抽枝长叶之际,向河的那枝已经是绿满枝头,朝天那枝却光秃如故,当地人称为阴阳枝。

从街边向北望去,还有一棵像青龙盘旋于河上的黄桷树,被称为"千岁爷"。尽管它年岁已高,茂盛的绿叶却覆盖了半边河面,犹如浮在水上的碧云,它伸入河滩的树根,给人一种"根植铁壁利如刃,顽石丛中呈绿茵"的感觉。树的旁边是从前盐运通道,整齐的石板路上有青瓦覆盖着的长廊,廊左为空心石栏杆,廊右紧傍木屋,是当年盐运工人们遮风挡雨躲太阳的地方。

马桑坪是沙滩乡的一个村,历史上是著名的盐运古场。它得名于古时候这一带马桑树较多。清乾隆十一年(1746年),当地官吏为了疏通河道,强化仁岸盐运,着力对赤水河部分河段进行了整修。河道整修结束后,马桑坪成为仁岸盐运的中转站,这个灌木丛生的地方便日益兴旺起来。川盐入黔四大通道之首的赤水河,因吴公岩舟楫不通而梗阻,人们只好将盐巴从二郎滩起岸后,用人背运到马桑坪上船运往茅台,再转运到黔西北各地。这些地区的铅、铜、土特产品又由这里上岸背到二郎滩船运到长江沿岸城市。因客商云集,背运山盐的脚夫川流不息,这里一度长街如龙,人口上千,被人们称为"小茅台"。据史料记载,民国八年(1919年),盐号从沙滩迁至马桑坪后,马桑坪拥有盐船134只。民国政府还在这里设了区,中华人民共和国成立后改为乡。1955年3月28日,吴公岩采用人工爆破方式疏通了航道,盐船可直达茅台,遵义盐业公司的转运站撤销,马桑坪便日趋萧条了。1958年后,马桑坪竟降成隶属沙滩乡的一个村落。

现在的马桑坪虽然街市冷落,但古盐镇的遗迹却比比皆是,农民背盐巴歇脚时背杵磨出的凹坑,依旧默默地向人们倾诉着历史的沧桑,很多地方还可以找到用来称盐巴的石称砣,不过更多的已被当地人挪做修建房屋的基石了。当年装卸盐巴的月亮台、望乡台码头,尽管历史沧桑而今却风貌依旧。此码头用青条石砌成,临水成半月形,便于停靠船舟和抵抗洪水的冲刷。码头有二级石阶,据当地老人说上台是过秤用的,下台是装船用的。平台上端三角形状的25级石梯,是为背盐的脚夫将盐背篓停放在石阶上等候过称上船用的。《续遵义府志》记载"二郎滩至新龙滩三十里,盐船于此滩起岸,待人力运行至新龙滩上船",指的就是这个码头。

马桑坪东西两岸,各有一座颇像狮子的山头,西南面四川境内的那座,像头脸阔、髭长、体壮的雄狮;东北面贵州境内的这座,像体形较小而又无髭的雌狮。这一公一母两只狮子,眉目传神身欲跃地,俯视着西角上的石宝山,这三座山峰组成一幅神奇图画,当地人喻为"双狮抢宝"。

扛着大包小包的乡民乘船到对岸(郭可夫摄)

赤水河的碧浪轻波,从大山峡谷中奔流而出,又从乱石丛中一泻而下,水石相搏,激起层层雪浪,活像一条欲游入河中的小白龙。乡民传说,当年小白龙随唐僧西天取经归来后,云游过此,留恋这里的秀山丽水、奇峰幽峡,长住不走。因为白龙护唐僧西天取经有功,又是新来的龙王,人们便为它修了一座王爷庙,以示对它的尊重和敬仰。

在沙滩乡的马桑村瓮扁洞河谷处,有个数十亩的椭圆形小盆地。小盆地东南角建有古盐运博物馆。博物馆是一座三合头的仿农舍建筑。褐色土墙、木梁草顶,木门木窗,古朴雅致。南端的大门上边,悬挂一块长方形的匾额,匾上横书"吴公岩古盐运博物馆"字样。室内陈列着众多与盐运有关的物品,从形式上大体可以分为四类。一是图片展览,运用图画照片、拓片、文字、图表等形式,形象地介绍赤水河盐运的历史过程、作用、重大事件。二是艺术模型模具,包括各种体型较大的不便在室中展出的盐运工具,诸如各种大小盐船、船篷、船帆、船坞,以及各种辅助运盐的车辆和马匹、盐仓、码头等。三是与盐运有关的实物,如纤索、背杵、背扇、蓑衣、斗笠、草鞋、背篓,以及与盐运有关的碑碣、石碓、杵印石等,其中所藏刻于乾隆年间的修运记碑、吴公祠碑等三块石碑,显得十分珍贵。四是与盐运有关的各种图书,主要包括与仁怀盐运有关的书籍,如《国酒之乡》《茅台酒的故乡仁怀》《茅台国际旅游区》《中国酒都仁怀》等专著,以及《遵义府志》《续遵义府志》《吴氏家谱》等地方史志。

在盐运博物馆前面,有供游人休憩的水泥院坝。这里正好处于大山与小山相映之间,幽石与台地环列的风口,虽炎炎盛夏亦凉爽宜人,是人们规避暑热胜地,故亦有人称盐运博物馆为"避暑山庄"。其西南方有一方柱形巨石,四壁平正如人工琢磨,顶端矮树常青,颇像一枚巨大的天然印章,人们称之为"天印石",传说是天上玉皇大帝的玉玺,掌印官在用印时不慎失手堕落凡间,遂长留于此。

正在渡河的乡民(郭可夫摄)

沙滩乡新街有块惠民碑,碑文全文如下:

盖闻以仁心为政,治邑如治家然,忧乐与共。惟光銮覃老先生似之。先生号静得,四川涪县人也。自民国六年莅任来兹,励精图治,终年平诉理狱。值南北相持匪徒猖獗,先生奔驰剿捕,整顿团防,民赖以安。本年六月,洪水为灾,沿河一带,几年泽国,流离失所,惨不忍言。先生膳溺为怀,捐金赈济。蒙详禀上峰,请赈灾黎。巡行灾区,亲为发散。民赖以为安,免于流亡沟壑者,先生实有迈德斯!乡人难泯其德缘,勒石志之,以期不朽云。

碑文中记述的这次洪灾,据说是赤水河最大的一次洪水。

山洪暴发,百姓遭难。但古人以民为天,视民为父母,尽己智慧之能,拯救百姓于水火,其功德无量,后人谨记不忘。人虽死,其名流传千古。

三十七　酒乡明珠习酒镇

地处赤水河河畔的习水县习酒镇，位于该县南部、四川古蔺县东部，北靠驰名中外的茅台酒厂，与郎酒厂隔河相望。习酒镇于1992年8月建立，因产饮誉中外的习酒而得名。它与茅台镇、二郎镇一河相连，被中国军事家、革命家、政治家杨成武将军誉为美酒赤水河上镶嵌的一颗璀璨夺目的"酒乡明珠"。

神秘的美酒河、朴实的古盐道、雄关要塞"四渡赤水"构成了习酒镇独特的人文景观和得天独厚的区位优势，该镇用美丽的自然环境和庄严的红色遗址迎送着四方游客，美味可口的习酒河鱼、黔北羊肉更是让人赞不绝口。习酒镇境内风光秀丽、气候温和，奇特的喀斯特地貌形成了星罗棋布的天然溶洞、别具一格的奇峰峭壁，有"贵州小石林"之美称。赤水河将二郎镇和习酒镇分割在河床两岸，而二郎滩又将郎酒厂与习酒厂紧紧连接在一起，两颗璀璨的明珠闪耀在赤水河畔。

习酒厂全貌（康宁摄）

习酒镇地貌多为喀斯特石灰岩发育地形，境内天然溶洞较多，最出名的溶洞有龟仙洞、关龙山洞、黄毛洞、马家洞；奇峰峭壁别具一格，印把山、猫跳石、二郎滩、浪子口峡谷、二徒岩刀切斧削,神工鬼斧,巧夺天工。其中首屈一指的要数三元石林,其玲珑秀逸,妙态天成,蔚为奇观。这里水资源发达,赤水河、桐梓河、临江河分布在沟谷,珠连不断,溪流淙淙,清泉幽幽,如诗如画。

习酒镇还是红军四渡赤水二、四渡渡口所在地,该镇的河岸上刻有"红军渡口"纪念碑,同时这里还建设了观光平台,融合了诸多红色元素,途经此地人们都会停车观光留念,凭吊革命先烈。这里展示着习酒镇长征文化的风采,也是爱国主义教育基地。

赤水河谷(龙启权摄)

在中国名酒中,习酒算是后起之秀,真正形成品牌的时间应该是20世纪80年代。据习酒厂的老技工介绍,20世纪中叶老习酒人一直在学习研究一种新酒,但由于技术和设备缺乏,研究不出真正属于自己特色的酒,所以老技工们经常到茅台酒厂去学习取经。那时不通公路,从二郎滩到茅台酒厂只有一条沿赤水河而上的山村小路,大概有150多里路程。他们晚饭后从酒厂出发,带着手电筒赶夜路,第二天天亮到达目的地,学完手艺再坐顺河而下的小木船回来。他们夜以继日、持之以恒,披星戴月地往返了多回。功夫不负有心人,他们终于掌握了制曲、下沙、糙沙、取酒、储存、勾兑等一系列工艺,并于1977年首次生产酱香型试制酒5.961吨。但由于原料紧张,试制工作不得不停了下来。历尽千辛万苦,眼看成功在望,却被一些外在的客观因素影响叫停,这对那些老工人来说简直是一个沉重打击,但他们并未放弃,仍然积极奔走,希望唤起"搁浅"了的项目。1983年,习酒终于诞生,成就了习酒发展史上一座永恒的丰碑。据说习酒诞生时,产品的命名也是费了一番周折才最终确定,商标上"习酒"两个字,刚劲有力,笔酣墨饱,厚重健实,据说是用一瓶"习水大曲"与书法家陈恒安先生换来的。

应该说,习酒一路走来,风雨兼程,凝结了一代又一代习酒人的心血。坚持执着、敢于担当、勇于创业的精神,值得今天的我们学习。

三十八　川黔要道话普宜

普宜镇为贵州省毕节市七星关区下辖的一个镇，位于七星关区东北部的赤水河边，两省、三县的结合部，距毕节市区约 80 千米，毕龙公路和大纳公路穿过境内。交通便捷，四周皆有公路相连。

普宜镇原称普泥乡，后改为普宜镇，是毕节东北片区经济、文化中心和周边乡镇集市贸易中心。镇内生态植被较好，有时能看到猿猴出入，溜儿河溪水常流，自然风光优美。

走进普宜镇，到处可以找到古盐道的痕迹，特别是河边的码头，岁月在述说着那历史的身影。在小河与赤水河交汇的地方，形成了一个天然的渡口，当地人叫它厘金渡口，渡口平时河面不宽，但有小木船为人摆渡。作为川黔古盐道的一个重要的关隘，它的兴衰，折射出乡民"背盐巴"的传奇故事。两岸有小路与乡村连接，道路由青石板铺成，但损坏严重，有些地段已经成了自然山路，石板已经不见踪影。在那些弯弯曲曲的山路中，仿佛能看到先民们在古盐道上摸爬滚打的身影。

普宜镇附近的赤水河（李刚摄）

据当地支书黄明泽讲，这里曾经是这个片区"总厘金"所在地。所谓厘金，是我国 19 世纪中叶至 20 世纪初贸易征税制度之一，最初是地方筹集饷需的方法，又名捐厘，简单说来就是收税的地方。作为川盐入黔的重要码头之一，普宜镇在古代十分繁华。听老人们讲，在当时贵州人主要是拿一些天麻、杜仲、红豆、黄豆、核桃等土特产去四川销售,然后再从四川换回盐巴、布匹、丝绸等用品。赤水河作为古盐道,在历史上主要以运盐为主,但也附带了物资运输,是经贸的重要通道。

根据当地史料记载,在普宜地区的小河厘津渡口,清中期驻扎着五六十个盐防军,承担着这片区域内的盐务运输管理,同时担负着保护乡民、防止劫匪抢盐的重任。这个码头周边原来有很多房子,大部分是客栈,最兴旺时期有两百多户人居住。当地的背夫(运盐的乡民)们冬天住店内,到夏季时赤水河畔比较热,他们便自备草席在室外平地睡觉。相传热天整条小河街上都睡满了人,热闹非凡。当时这里还兴办了教育,连普宜街上的很多孩子都要送到这里来读书,可以想象当时是怎样的繁华景象。可而今一片清冷,除能找到一排排墙基以外,以前繁华的店子已经不存在了。

小河渡口边,有一座名为"杨泗将军庙"的古建筑,据当地人介绍,这是为了供奉镇河之神杨泗将军而修的庙宇。赤水河惊涛拍岸,乱石穿空,雨季河水流量非常大,时常有盐船因触礁、上滩抢浪、纤藤挂断而倾复河中,造成船损人亡,因而船工、纤夫也被称作"死了没埋的人"。因此,当地商人和船夫都有祭拜镇河之神的习俗,以保平安。在中国的古代社会,民间信仰兴盛。行业也都有各自崇拜的行业神,行业神信仰成为一种普遍流行的民间信仰。"杨泗将军庙"就是当时盐商们修建的,具有保佑盐运兴旺和保护运盐乡民平安的意思。这座庙宇至今尚存,但因风雨的剥蚀,已经破败不堪。

赤水河边陡坡无路(张采秀摄)

在走访的过程中,当地老乡给我唱了一首船歌,说是这一带很流行的,内容是:

> 只为活命把船拉,抛了妻儿离了家。
> 茫茫河水流不尽,全是泪水混泥沙。
> 日食清汤寡水,夜宿沙滩之上。
> 妻守有夫之寡,夫伏无罪之法。
> 吃的鬼魂之饭,穿的疤上重疤。
> 病了听天由命,死了去喂鱼虾。

这首船歌再现了当时船工的悲惨生活。随着社会的变革发展,贵州入川道路发生改变,此地不再是川黔重要交通要道,渡口逐渐变得冷清,庙中香火也随之冷落。

在普宜镇的赤水河边,可以找到一些往昔的山道,依山而凿,劈树而开,在山间穿行,两旁浓荫覆盖,有些地方几乎找不到路在何处。在这些路上,可以找到古盐道的遗迹,石窝窝密布在路旁,路石光滑,只不过石缝里增添了枯萎的杂草。当年人背马驮着盐巴的队伍,在这路上谱写着生与死的悲壮历史,演绎着爱恨情仇的传说,诉说着酸甜苦辣的故事。然而这一切已经与今天的人们渐行渐远了。

据当地老乡讲,古代时候的背夫们,一边背着盐巴,一边唱着山歌,以此给自己减压,如今这些山歌当地人能记起的已经不多了。我请了七八个当地老人唱给我听,通过他们的回忆,你一句我一句地想起了一些,我把它整理记录下来,虽然不太完整,但也算是"抢救"赤水河流域的民间文化吧。

> 农家田的牛屎巴,
> 老房子的私娃娃,
> 侧脚扁住的是王家,
> 砂锅煮的冷稀饭,
> 一把伞的嫩豆花,
> 小河两个撑船手,
> 余家卖的是苦荞粑;
> 雪山关高是个名,
> 磨盘山上冷死人,
> 纤夫一身光冬冬,
> 肩破背驼拼命撑;
> 稀饭坡溜不算溜,
> 赶不上山间红石头,
> 男儿血汗为谁出,
> 只因妻儿无衣无食在屋头。

这些山歌虽不高雅,却是背夫们生活的真实写照,而今吟唱,似乎是当年背盐夫们的余音在川黔的崇山峻岭间回响。

在普宜镇与大屯彝族乡交界处,有一条赤水河的支流叫溜洱河,该河全长不到 20 千米。溜洱河穿流于大山之间,形成了有名的溜洱河峡谷,峡谷内景点之多,风光之妙,令游人流连忘返,属于当地很有名的风景区。

山景风光(龙启权摄)

走进峡谷,两岸高山绝壁,景观奇特而优美。步履河边,溪水涓涓流淌,山涧鸟语花香,仿佛进入人间仙境。峡谷的河流由群山环抱的岩溶地貌中的高山清泉汇聚而成,流经十多里才归入赤水河。沿途山高谷幽,清水漫流,鸟鸣山间,其间风景秀丽,山势奇伟,地势险峻,植被葱绿,风光旖旎,美不胜收。

峡谷里以前没有桥梁,两边人们喊得应,而见不着,要见面得走一天,严重阻碍了两岸乡民的交往。相传有一神仙云游至此,看见乡民往来艰辛,慈心大发,于是背了两块巨石分别搭在两边河岸上,使之横空相连,形成一座空中天桥,方便人们来往通行,后人取名天生桥。解放后又在天生桥上架了一座现代建筑的"东风大桥",双孔石砌的大桥与天生桥相应重叠,上下两桥相应成趣,形成"桥上桥"的奇观。此处民间有副对联很有趣。上联是:"菜刀岩,老鹰岩,岩对岩,岩望岩。"下联是:"天生桥,东风桥,桥上桥,桥下桥。"

驻足桥下,离桥百米处有一高耸入云、峭岣成壁、危崖险峻的高崖,当地人们俗称"老鹰岩"。半壁中有一溶洞,洞中有一股清泉流出,泉水直泻山底,水花飞溅,响声铮铮,犹银蛇戏舞,绿色的青苔为幕,极为壮观,溪流汇入河谷,幽悠而下,淌水而过,清凉透人,河水中鱼蟹混生,两岸谷幽鸟鸣,山高树密,给人宁静致远之感。

峡谷内还有半边山、半边岩、石笋、石柱、夫妻山、五子山、狮子山、童子拜观音等景点,神奇秀丽,惟妙惟肖,谷内植被保存较好,风景独特。

溜耳河上游有梯子岩,梯叠七级,每级高、宽约 8 米。梯子岩左有"狗穿洞",高二三十米,深百余米,洞口朝天。下有水塘,方圆丈余,洞口之水,滴入水塘,溅起层层水花,似飞珠散玉,实属奇观。

三十九　毕节大屯乡与土司庄园

毕节是个多民族聚居地区，彝、苗、瑶、白、布依、仡佬等族都有，但彝族是此地最早的统治者。早在蜀汉时期，彝族首领济济火，助诸葛亮南征有功，即在西南地区建立了自己的统治地位。当地民谣云："蛮山路百折，倮罗生其间。"民谣中的"倮罗"，也叫"罗罗"，是彝族中分化出来的一个支系。族内男子都骁勇善战，英勇无畏。当时，还有赞许彝族男子的民谣："斗大缠头黑面肥，提枪上马疾如飞。日斜饮罢不归去，再向山间杀一回。"彝族男子有阳刚气，女子则能歌善舞，纤巧柔美，有诗赞美云："髻插山花死不饶，盘龙双绾妒云翘。长裙大袖堪教舞，却向春风护细腰。"

一个民族的各支系有着共同的历史渊源，但各支系在历史的变迁中又产生了各自不同的支系文化。在赤水河流域的乡镇间，我们找到了这样的案例。在大屯乡的彝族同胞中，他们所说的族源以土著说、羌氏说为主。羌氏说的观点较为普遍，当地彝族同胞认为六七千年前居住在西北河湟地区的古羌人，开始向四面发展，其中一支向西南方向游弋。古羌人早期南下的支系与当地土著部落融合，后来形成了西昌地区的邛蕃和云南地区的滇蕃两大彝族先民主体。大屯乡彝族同胞认为自己属于邛蕃彝族支系。

赤水河源头岔河村土司庄园（李刚摄）

在大屯彝族乡，独特多姿的彝族民俗风情可以让人返璞归真，体验古老文明的韵味。

彝族在特殊的自然环境里形成的独特的民族风情，体现在他们的衣食住行、婚丧嫁娶、信仰崇拜多方面。

大屯彝族的传统节日主要有两个：一是彝族族年节，二是火把节。彝族族年节很有特色。过年的前一天是除夕，家家户户大搞卫生，扫净地面，清洗家具。过年的第一天凌晨，有条件的家家户户杀过年猪，按崇敬祖先和尊敬老人的传统习惯和规距，首先从村寨最受尊敬的长者之家开始杀猪，然后各户依此宰杀。猪杀后，取出胆、腰、脾、胸肉，煮熟切块与荞粑盛入高脚木盆，再用一块烧红的山石，投入一碗清水之中，产生蒸汽，上绕三圈，意为除污去秽，然后斟上泡水酒并肉盆一道献于内室祭台上，举行迎祖仪式（这与川西地区彝族祭神有些差异，川西彝族一般是用胆、肝生祭；而黔北彝族以熟祭为主）。三天以后，人们开始走亲访友，到远处亲戚家拜年。已出嫁的姑娘带着酒、猪头肉等礼品回娘家，看望父母。族年节要持续五六天。

火把节是彝族人民最盛大的传统节日。贵州彝族过火把节是在农历的六月初六或六月二十四日。节日这天，彝族群众都穿上节日的盛装，举行赛歌、斗牛、摔跤、敬酒等活动。青年男女则利用这个机会谈情说爱。晚上，大家高举火把到田间地头驱除害虫，并围绕山寨游行，然后燃起篝火，跳起欢乐的舞蹈，饮酒对歌，直至天明。

在饮食方面，大屯乡彝族有偏爱吃粑粑的传统习惯。粑粑多以玉米、荞麦磨粉蒸烤而成，粑形扁圆，重约半斤，以"略粑"为精美。"略粑"以玉米粗磨去壳后，再加水细磨而成粥，照粑粑做法蒸烤而成，细腻香甜，分外可口。一般只在年节或贵客临门时特意制作，"略粑"被视为高级食品。彝族饮酒，习惯喝"转转酒"，但凡宾客至或喜庆节日，节会议事皆饮酒。饮酒时，数人或者数十人团团围坐，一座用一酒器轮饮，一次喝一口，团团转，直喝到酒醉方休。兴来时则豪饮，不论一碗半樽可一气喝下，以显示豪爽气概。彝族人吃肉也很有特色，他们在节庆喝转转酒时，在桌中间放着一大盘肉，那种盘为大瓷盘，要装十来斤。肉多为坨坨肉，为三线肉做成，每坨二三两，不用筷子，用手抓来撕着吃。真乃是大碗喝酒，大口吃肉，豪气满怀。

彝族群众特别好客。不论走进谁家，不管是否亲友或是否相识，只要说出姓名、家支，都会受到热情接待。主人按家境条件尽量做到酒肉粑粑款待，并留住宿，从不索取报酬，诚挚大方。对亲友贵客杀鸡、杀羊招待。对特别尊贵的客人，如条件许可，还要杀牛招待。杀鸡招待是最轻的，也要把全部鸡肉端上桌先请客人吃，并请客人吃鸡头，看财喜。杀猪杀羊除招待客人吃饱吃好外，还要送猪头半块，羊胛肉一块让客人带走，以示对客人的尊重和热情。

大屯乡的少数民族节日丰富多彩，除彝族的"火把节"外，还有苗族的"逛花坡""跳花节"，布依族的"六月六节"等。这里还流传着原始古朴的傩戏——"撮泰吉"（合江汉族的傩戏也很出名）。"撮泰吉"简称"变人戏"，是傩戏中的一个种类。演出的人有六人，其中五人要带上面具。"撮泰吉"一般在每年农历正月初五到十五夜间演出，旨在驱邪崇、迎吉祥、祈丰收。在当地，"撮泰吉"的面具多用杜鹃、漆树等高山硬杂木制作，工艺非常简单。面相不分男、女、老、少，主要靠面具上有须无须来区别性别和年龄。

在大屯乡这川滇黔三省交界的赤水河畔，崇山峻岭中坐落着一处气势恢宏、庄严肃穆、唐风古韵、虎威逼人的古建筑群。这就是大屯土司庄园，它是全国保存较为完整的彝族土司庄园之一，目前为全国文物保护单位。

该庄园坐东向西，依山势而建，四周砖砌围墙，沿围墙设有六座土筑碉堡。整个建筑分左中右三路主体构筑，设回廊相互贯通。部分建筑是仿日本唐招堤寺所建，具有独特的民族风格和浓郁的地方特色。庄园始建于清道光年间（公元1821—1850年），相传是彝族土司余象仪所建，后经余达父扩建始成今状。它依山势而建，面临缓坡低平的台地。庄园整体布局为中轴大体对称的大规模三路构筑，各路皆有三重堂宇。左路建筑有东花园、粮仓、绣楼等。东花园也称"亦园"，用于接待客人。园内有花圃客房等，其建筑十分精美。花圃错落有致，客房装修华丽，院坝青石铺就，院墙彩绘粉饰，古色古香，十分幽雅。中路建筑有大堂、二堂和正堂，各路堂宇之间均有石坝或内墙间隔。高大的砖筑院墙，墙檐下砌筑斗拱，显得古朴厚重。墙外四周分别筑有碉堡六座，各有其形，各有其用。犹可想见，当年的土司庄园守备森严，肃穆庄重。建筑布局层层深进、重重冶高，气势宏伟壮观。其石作、木作以及家具雕刻的各类图纹具有鲜明的彝族文化艺术特征，是研究民族、民俗学的珍贵实物资料。传说当年近300名工匠参加修筑庄园，历时三年之久方才大功告成。

赤水河谷的小石头（龙启权摄）

走进大屯土司庄园，首先感到的是一种戒备的森严：木制的门楼高大结实，门楼内设了望孔和枪械射击孔。走入门楼，右面是一轿厅，可容十余人吃住、活动。走过轿厅是一宽敞的院落。院落正中沿半圆形设有宽阔别致，刻有精美龙虎图腾图案的十七级青石台阶。

拾阶而上便进入了高耸于台阶之上，恢宏大气、庄严肃穆的大堂。大堂殿内卷棚高大，立柱合围，各种枋料，宽厚饱满。上设藏砚楼，前、后、右三面有回廊，右为歇山顶，左为悬山顶，这里是土司迎接贵宾、举行大型庆典和断案升堂的场所，处处体现出土司的权力、气派、富有和威严。

穿过二堂便进入了天井。天井呈长方形，一色的青石铺就，宽大、平坦、古朴、气派。这里是土司习武和检阅家丁军事武艺和作战谋略的地方。历史上，永宁宣抚司所辖赤水河两岸广大地域，强盛时期分设十八个则溪，作为其政治、经济统治的基层单位，分派亲族部属任职，分别掌管钱粮兵马，统领属地。因此，在土司的生活中，军事武艺地位极其重要。天井闲时，也是土司府内女眷们日常活动的场所。

天井之上是正房，是庄园的第三座殿宇，为悬山顶，前、后设回廊，庄重典雅，古色古香，清爽舒适。设有书房、居室，是土司起居歇息之地。在斑剥落离的正房室内，现挂有一幅十一世土司余达父的黑白碳精画像。殿后设一后院，幽幽深深。园内一条窄窄的曲径通往左侧绣楼。绣楼分两层，雕梁画栋，优雅别致，是土司小姐的幽居。

在天井的右侧，通过月洞门，是西花园。花园位于右侧中轴线上，园内藤蔓攀墙，佳木参天，浓荫铺地，翠竹掩映，鲜花四宜，馨香馥郁，建有双耳鱼池、风雨桥、飞来椅、美人靠、回廊、遂雅堂、双印斋，曲径通幽，景色玲珑。花园浓荫覆盖的后角处，有座小巧别致的楼阁，环境十分清幽。这是土司扯勒家族的祠堂，供奉着近代祖先牌位。彝族先哲们崇拜自然，信奉万物有灵，大自然中虎居首位，先哲们遂以虎作为自己民族的图腾，对鬼魂尤为崇拜。因而，这里也是庄园内最为圣洁之地。

大屯土司庄园的显赫与威严，正好与土司当时的权力、富有成为正比。为此，特定的环境与条件，造就了一代又一代大屯土司庄园的主人。相传一世奢辰，为"大梁王"奢崇明之子。"奢安之乱"后，改名余保寿。他团结百姓，安抚流亡，恢复家业，于顺治十六年上书招安于朝廷，重得赐封领地，重振奢氏土司昔日之雄风；二世杨翰桢，文武双全，雍正年间被朝廷封乌蒙土府；三、四、五世情况不详；六世杨廷栋，封武略校尉；七世杨人端，授儒林部；八世余家驹，贡生，诰赠武翼都尉；九世余珍，诰授武翼都尉，戴兰翎，袭大屯土千总；十世余象义，国学生；十一世余若泉（字达父），前清举人，留学日本，加入同盟会，参加辛亥革命，任贵州立法院副议长。一世世的土司，无论是习文还是从武，皆在我国西南这片疆土上，雄霸一方，声名显赫，叱咤乌蒙。自"大梁王"奢崇明举旗失败后，朝廷对西南地区土司武装力量进行了严格限制。为此，各土司的军事实力大大削弱，但其力量在本地称王称霸还是绰绰有余的。

大屯土司庄园是古代权贵的象征。尽管大屯土司风光一时，其后代却没有摆脱多舛的命运。自张翔承业起，其第七代子孙（余家驹）再改余姓。也许是经历了太多的大起大落，从余家驹开始，余氏子孙都沉迷于诗酒，过着与世无争的生活。其子余珍，虽做过土千总，可终不得志，最后以诗书相伴，岁至不惑。这个家族，包括后来的余昭、安履贞、余一仪皆有传世之作,余一仪最后也落了个早逝的结果。命运最不好的,要算第十一世子孙余若煌,因得罪永宁道员赵尔丰,殃及余家,其弟余达父不得不带着两个侄子逃亡日本,就读法律专业。在日本,余达父与贵州辛亥革命领导人平刚结为挚友。回国后,余达父在北京开设律师事务所,兼任政法学校教员,后任贵州立法院副议长、省政府名誉顾问等职,有不少遗世作品。

来到大屯土司庄园,让人感慨万千。余氏家族几百年的沧桑,演绎了诸多故事。参观这个庄园,看建筑,恰如一部凝固的音乐作品,使人如痴如醉,大有"余音绕梁"之感。层层院落,一亭一院一景,千姿百态各具特色。大厅古朴庄重,花园千娇百媚,水榭玲珑秀美,楼台亭亭玉立,既有我国古代殿宇的风格,又不乏彝家建筑的气派,真可谓是"十步一个景,一景一重天"。

四十　镇雄县大湾镇

对赤水河流域的上游地区进行历史文化考察是十分艰难的。赤水河上游地区是由许多支流组成，其名称已经不叫赤水河了，河流在不同的河段有不同的名字。在大湾境内有两条小河，分别叫洛甸河和雨萨河，这两条河都是赤水河的上游河段。在大湾境内考察，当地老百姓根本不知道到底哪条为赤水河的主流，哪条为赤水河的支流。

大湾镇位于县境东北部的赤水河畔（属于赤水河的上游支流）。距县城七十余千米，地处云贵川三省交界处，是古代云贵入川通道，是古代边陲和中土的分水岭，有着深厚的历史文化底蕴。该镇东面邻以勒镇，西面邻石田村，北面邻花朗乡、雨河镇，南面邻尖山乡、果珠乡。集镇人口上万人，镇内有少数民族（彝族、苗族）1098户5509人，是县城以外最大的农村集镇。

大湾是个有山有水的地方，山高显得钟秀灵气，水灵宛如江南水乡，进入境内，给人的感觉特别好。两条河流穿越全境，山随河谷盘旋而生，水环绕大山而迂回，山川叠翠，水流蜿蜒，景色非常迷人。

随着现代交通的飞跃发展，赤水河上的舟船已逐渐退出历史舞台（郭可夫摄）

据有关资料记载，大湾当时是昭通府通往四川和贵州的要冲之一。大湾是一个古镇，历史较悠久，在唐宋时期就有多民族居住，地域农垦开发较早，文化元素多元。19世纪初大湾享有"旱码头"的盛名,清朝年间,湖南、四川、江西等地的商人因经商迁徙居于此,多种文化形态在这里相融;建筑风格上也集聚了多地区的地域特征。大湾至今还保留着比较完整的"古川式"民居建筑群,目前属镇雄县保存较好的古建筑民居群。现在老街道房屋依然古雅,民风显得淳朴。现在虽然修了许多新建筑,但老街依稀可见,历史的痕迹遗留在古街那石板和古老的墙基中。由于该镇地处古代川、滇、黔的重要交通要道上,历来商旅往来频繁,市场相对繁荣,留下的文物古迹也较多。在该镇境内,现在还保存着比较完整的清朝时期镇雄最大的土绅陇维邦庄园民居建筑群。

该镇境内风景名胜众多。神奇的龙洞、形态逼真的夫妻石笋,透露着一份人与自然和谐相处的甜蜜;美不胜收的郑公桥、200多年前的茶马古道等风景名胜使原本就十分秀美的大湾更增添了几分撩人心扉的灵气;"鱼跳龙门""犀牛水""轿子山""太极图""日月锁水口"等景点也吸引着游人;原始生态的罗甸风光和田坝稻香的青山绿水、杨柳春风、古朴人家、赤水渔歌,温馨和谐交融其间,形成了一幅美丽的山水图画。

陇维邦庄园是大湾镇内保存较好的古建筑群,也是镇雄有名的旅游景点。凡到大湾的人,必然"到此一游"。作为文化人,那是我必然前去的地方。我走过大湾古街,驾车顺着泞泥的土路上行,约莫半个小时便到了陇维邦庄园。陇维邦庄园座落在一个斜坡上,正前方是一条长长的河谷,罗甸河缓缓地从坡底流过。举目远望,山与水互相掩映,河谷与山峰互相拥抱,山脚有薄雾缠绕,整个画面层次分明,山水相融,柔美动人。

据当地人介绍,陇维邦庄园是镇雄土司后裔陇维邦的故居。陇维邦,字建牧,生于1865年,清中武秀才,民国时期官至云南省府中军参将。在维护国家大统、肃匪安民、抵御外挠、发展地方经济中,做出很大贡献。陇维邦晚年闲居这里,1930年病逝,是年65岁。国民政府为追其功绩,题赠墓联"崇德懋功大名不朽,丽星镇狱兆宅永宁",横额为"行式边隅"。

走到这里,我便认真查看了这座古老的建筑。在赤水河流域的考察中,我参观了不少土司庄园,虽然大致相同,但建筑风格和人文景观也有差异。

现在庄园的大门约有一米五宽,两米多高,两扇木门向里开着,门坊是整石做成,足有两尺之厚,门檐是钢筋水泥结构。凭我的直觉,这个大门是整修过的,而且在修建中不是按照文物保护的要求来修建的,所以看上去很不协调,也很不符合文物保护的规矩。我问了一位退休老教师,他很遗憾地对我说:"这里原来是石刻大门,大门的两边是一对大石狮子。整个石门大气磅礴,石门上的动物和图形雕刻精美,栩栩如生,石雕艺术十分精湛。正门的门柱上刻的是'雄飞荣名天府,镇自画栋云参',其内容中巧妙地嵌进'镇雄参府'四字,显示着主人的官衔。当年的石门和石狮浑然一体,遥相呼应,再现了主人的显赫与辉煌。可惜的是当年石刻大门已被搬走了。"看到现在这个样子,我心里若有所失,岁月的沧桑已经把一个气势雄伟而美丽的土司庄园变得支离破碎,如此下去,乡愁何在?沧桑何存?

我进了大门,抬头而望,整个庄园依山势而建,分为四级建筑,由一条两米宽的石阶从中间把庄园连接起来，庄园的院墙、院坝、台阶，全部由石头砌成。时间已把整个庄园涂上久远的痕迹，有些地方出现了破损，地面有的石板已翘起来，让人从心底生出些沧桑感来。沿着中间的阶梯上去，就来到院坝的第二级。第二级院坝的左右两边是水泥平房，院坝的石头护栏有一米多高，看上去有点像围墙。护栏上的石雕如盛开的莲花。当地人说，以前不是这样子的，两边都是房子，现在毁得差不多了。庄园里除了长得葱绿的万年青外，再也没有其他的花木。最高处是一栋两层楼石木结构的建筑，飞檐上的浮雕图已失去惜日的光鲜，斑驳陆离。

参观完这个庄园，得与失共存，心里总有着一种失落感。因为这么好的古建筑体，保存下来的东西已不足百分之六十了，大多是现代钢筋混凝土与古木穿透建筑并存。由于当地政府财政困难，没有钱修建学校，目前庄园成为了孩子们读书的场所。该学校的一个老师对我说："当地政府正积极争取上级和社会各界的支持，在努力筹措资金抢修文物古迹，保护地方历史和民间文化。"

乘船渡过赤水河的乡民（郭可夫摄）

在大湾考察，当地人说在场镇往以勒的途中，有一个山洞叫落水洞，可以看看。于是我便驾车前往。

落水洞处在一个小山中部的丹霞洞隙里。整个山顶树木葱茏，山腰嶙峋的怪石镶嵌其间，洞前有条小路可达洞口，路边绿树倒影，显得十分雅致。洞前有一条河，水面不宽但水很清澈。现在是枯水季节，河水不深，但水流湍急。不远的河中有一石伸出水面，河水冲击其上，激起一层层浅浅的白色的浪花。洞的旁边有一座桥，全是石头做成，看上去有些古老。从对岸放眼望去，洞口开阔，黑白相间，别有情趣；走进一看，洞壁到处都是烟熏的痕迹，地面上积了厚厚的一层泥土。根据地形来看，这落水洞是自然形成的，是大自然神奇造化的结果。整个洞体呈喇叭形，从洞口开始，向山体内部倾斜延伸。据说，以前山洞里住着几家人,现在洞内建筑尚存,墙体历历在目。由于这里景色很美,给当地的山水增添了几分灵气,也让不少文人前来探秘。

大湾镇是个美丽的地方,它给我留下的印象较深。由于时间的原因,还有许多美丽的地方我们没有前去观赏。最近在网上看到一位大湾人士写的一段文章,描述了他家乡的美景。由于我的疏忽,当时没有记下这位人士的名字。现将此文部分文字记录于此,算是一种分享:

十年寒窗大湾镇,如今昆明寄吾身;离家虽然十载,家乡记忆犹新。那山那水那树,此乡此景此情;罗(洛)甸水常青,垂柳树倒影;宛如行龙却无声,犹似广西桂林;逆流而上有奇景,夫妻石笋拜观音;仓房小河两对岸,迁鱼来回渡乡亲;百年古镇乡街子,陇家房子像衙门;玉田土地最肥沃,赶街要经石田行;北面龙塘到果珠,娇子雪山最有名;一路徐徐往西走,两河交汇色分明;小河两岸多果树,如今坝子变成林;沿河朝上妥泥走,白岩脚下水清清;朱家坡背面是云岭,郑公桥落出有碑铭;雨萨未到雨萨坡,妥泥沟头经岔河;来到仕里无去处,翻过小岩金竹林。崇山峻岭有笔架,茂林修竹读书人。出来谁道城市好,还是大湾人最亲;如今乡音不曾改,哪怕闹市人纷纷……

四十一　"小三峡"　水田镇

2016年清明节，百里杜鹃正在开放，原定我们一家人要前往百里杜鹃赏花的，因小孙子泓锦晕车，爱妻带着孙子放弃了，只剩我一人前往。看过百里杜鹃，我便独自连夜驾车前往威信考察，希望把威信县境内赤水河边的现状搞清楚。当晚我住在威信扎西宾馆，第二天一早便赶到了水田镇（原叫水田乡）实地考察。

水田镇位于威信县东南面43千米处，地处云、贵、川三省交界处，素有"鸡鸣三省"（广义的"鸡鸣三省"）之称，东与四川叙永县水潦乡接壤，南与镇雄县坡头镇相连，东南与贵州毕节市林口镇隔赤水河相望，北与威信扎西镇、双河乡毗邻。该镇不大，只有水田、龙洞、河坝、香树4村90个村民小组。常住居民有16 000多人。境内地形东部和中部较高、西南低，属半干旱河谷地区，土壤大部分属酸性冷沙风化土。

该镇的交通还算不错，有一条水泥路可直接到达，路面虽然不宽，坡度、弯拐较大，但可以通行。通往水田的公路大多在山谷中穿行，因为大山相连，山谷多有小溪，一路行走，到处都有高山流水，瀑布高悬，小溪流水的声音在山谷中回响，有的如歌，有的如雷，有的如琴弦清韵，一路都能听到美丽的歌谣。

风景如画的赤水河（陈果摄）

水田场在大山的山坳处,多为现代建筑,但房屋都在四层以下。场镇不大,按照泸州现在的概念,顶多能算一个农民聚居点。我在场上转了一圈,没有找到史料上记述的古迹。由于不逢赶集,整个场镇显得很冷清,街坊商铺生意也很清淡。

水田是一块红色热土。1987年水田寨中央红军军委总部驻地旧址被公布为"云南省重点文物保护单位"。2001年6月,该旧址作为"扎西会议会址"的重要组成部分被中共中央宣传部确认并公布为云南省唯一的第二批"全国爱国主义教育示范基地"。这样一个遗址,深深激发了我的兴趣,特别是在我实地考察了四川的石坝和贵州的林口以后,一直想认真研究一下花房子这段红军史实。所以我看了场镇后便赶往花房子实地考察。

花房子现在是一个小景区,停车场、旅游公厕、游道、路标基本齐全。花房子占地不大,整个景点只有几百亩地。景点道路用板石铺成,路道很整洁。可能是我去的季节正好,到处鲜花烂漫,风景很美。在景点前的公路边有一户农家,房子很陈旧,可能已无人居住。红军会议旧址是两座土木结构小瓦房,每座房子只有四间小屋加上厨房。室内有红军当年使用过的床铺和桌椅,还陈列了一些生活用具。据管理人员介绍,原来的老房屋早就垮塌了,现在看到的是拍摄红军长征电视剧时根据群众回忆重新修建的。云南省对此十分重视,为了让人记住花房子会议这一历史史实,专门拨了经费对此进行保护,还在花房子上面的山顶上修建以"鸡鸣三省"为底座,火炬为主体,雄鸡为顶的雕塑性纪念碑。该碑在山顶上,很远就能看到,看上去有气势而且很壮观。

水田镇境内水资源十分丰富。赤水河在上游三岔河这地方是一个节点,通常说法是三岔河以下叫赤水河,三岔河以上有多条支流,在各河段称谓各不相同。威信县内的扎西河与四川的双河汇合进入水田镇的倒流河,然后又在水田镇的河坝村渡口汇集进入赤水河,水田镇内河道长达6.8千米。赤水河上游由于处在高山峡谷之间,山水秀丽,风光秀美,奇观较多。特别是倒流河一段,在当地有云南"小三峡"之美称,是游客慕名向往之处。赤水河成阶梯式往下流,许多地方会形成很大的波浪和水花。站在高山上看赤水河的奔流,给人以逝者如斯的感觉,特别是河流流经大石头的河滩地段,河水之回声轰轰巨响,景象极其美观,如活在画中。由于山高路险,道路难行的原因,许多地方都处于原始状态,那种水清得让人惊奇、山秀得让人叫绝的美景,只有不怕苦不怕累、敢于探索勇于进取的人才能体验。

水田果哈是赤水河上的一个著名节点。它处在坡头镇与水田镇的交界处,水流有时湍急有时平缓,探险者喜欢到此探险。此地有一桥叫"果哈桥",河流两岸的山犹如刀切,河谷宽相距不到十米,河水奔流涌下,漩涡迭起,当地人也不知桥下的河流深浅。此地风景优美,是观景的好去处。此桥下行不远的岩壁中央有一洞,洞上有一墙壁,砌得相当精致,现在没有人能到达,当地人无人能诠释,也不知其功用。或许是因为板块运动把地表撕开,开辟出悬崖和创造出河流的缘故。

四十一 "小三峡"水田镇

蜿蜒奔流的赤水河(詹永祥摄)

大方碑渡口是此段河流中的知名渡口,当地人称之为"赤水第一古渡口",它在水田河坝的倒流水和扎西河交汇处。倒流水源于四川省叙永县南部,西至双河乡菜营村河口入境,依次纳北来六井河、双河、杉木沟,至水田乡河坝村渡口注入扎西河。渡口,又叫"大方碑"。但渡口这个地名由来已久。扎西河原名九龙溪,源于扎西镇石龙村马牛光沟,往西南过石龙至扎西,转向东南经田坝、庙坝、大河、石坎后,依次在石坎村二龙抢宝、水田镇两岔水与南来镇雄县的罗甸河、筒车河相汇,于水田镇香树河底下出境,入四川省叙永县。

渡口是赤水源的一个重要标志,在当地,渡口以上称扎西河,渡口以下称赤水河。老百姓告诉我说,以前的渡口河水很大,遇到山洪暴发,河水淹到半山腰,每年都有很多人被洪水卷走,竹筏和木筏成了主要的交通工具。为祈求平安,附近的乡绅及过往商贾捐资修建了庙宇,还立了一块方碑。如今,庙宇遗址尚存,方碑仍在,成了渡口的代名词和重要标志。这块碑高258厘米,宽95厘米,厚23厘米;"保彼东方"四个大字竖幅排列,书法苍劲有力、古朴端庄,民国七年的记载清晰可见。大方碑像一个忠诚的卫士坚守在渡口河岸的古道边。赤水河只不过是万里长江的一条支流而已,但因"四渡赤水出奇兵"的军事绝唱和"茅台酒"传承的述说而成为蜚声中外的世界名河。

站在大方碑旁边遥望神秘的赤水河,让人感慨万千——湍急的河水清澈而明亮,一对白鹅在清波中游动;两岸崇山峻岭,逶迤起伏,悬崖峭壁,各具峥嵘。

四十二　多彩的湾子苗寨

在水田镇境内，除了花房子这一革命圣地以外，最能吸引游客的要数湾子苗寨了。湾子苗寨位于大山"马蹄形"的底部，四周被绵延的山脉包围着，环境清幽，苍松翠柏，郁郁葱葱，水源充沛，山形秀美，自然景观旖旎独特。寨内有20多户世居陶姓苗族人家，其风俗、传统节日、服饰、歌舞、手工艺等民族文化在这里保留较为完整。

苗寨建于清代早期，原隶属双河乡水田村，20世纪80年代后属水田镇水田村。全寨都是陶姓，口碑传说祖籍源于湖广，祖辈随明军征伐云南入滇、黔，后散落在镇雄、威信一带，居无定所。迁徙过程中，其中一个陶家残疾者不便远行，便选择山高林密的湾子定居下来，至今已有十多代了。

秋天，成群大雁翱翔在赤水河上空（周山荣摄）

古苗寨是一座古城堡式的建筑，至今还保存一条通向寨外的暗道。民居建在一道城堡式的石墙上，房屋的三面均围有石墙，后倚陡峻的山坡，平时人们出入全依仗侧面及正面的石门。令人叫绝的是石墙全部用"咬合法"干垒而成，接缝一律不用传统的灰浆，但也严丝合缝，十分坚固。寨门有对联："米酒飘香九天仙圣醉凡界，笙歌漫谷四海宾朋舞苗乡。"另外还有一首诗："一步风轻一步回，古墙古树古泉飞。笙歌飘逸秋光艳，醉在苗乡不欲归。"

苗寨的每户人家中，有一道与其他民族不同的"子门槛"。"子门槛"就是中堂大门门槛上安装的小门槛,十分独特。按照苗族的习俗,年轻人一旦成家立业,都要制作并更换"子门槛",表示已经能够承担父业。更换时要组织祭祀活动,新当家的年轻人要杀猪请客,全寨每户人家都会派一名代表前来帮忙,并分吃猪肉。猪肉要一顿吃完,预示新当家的年轻人操持的家业将顺顺利利、人财兴旺,日子越过越红火。

苗寨里有一棵被当地人视之为"神树"的紫薇,高约40米,有500多年的树龄,枝干遒劲,枝繁叶茂,树干需四五个人牵手才能合围,紫红色的树皮轻轻一按,居然很有弹性。树根凹槽处,有一窝常年不干、甘洌甜美的清泉,传说常饮此水,有助于健康长寿。

七十二传情飞瀑是湾子苗寨的一道风景线,一股清泉沿山而下,在沟渠纵横的山腰飞流而下,水花四溅。常年奔流不息的瀑布,犹如苗家姑娘对美好爱情的向往和坚守。在丛林之中,还有一口15米见方、清澈碧绿的小湖泊,当地人称"仙人塘",传说是仙女们沐浴的地方。

走进古苗寨,时而伴着狗吠,时而伴着鸡鸣,袅袅的炊烟如云飘荡。那些身着艳丽服装的"咪多""咪彩"在房檐下或掩耳窃笑,或伴着芦笙歌舞,老人和孩子们则在传统的磨磨揪、秋千上尽情嬉戏……这里至今传承着古老的蜡染、手工纺织、舂碓、打糍粑等民俗。湾子苗寨独特的景观和民族风情,给我留下了难以磨灭的印象。

四十三　川盐输黔瓢井镇

黔北地区的集镇，与四川有很大的区别。贵州地多人少，大山连绵，河溪纵横，人口居住相对较分散，一个乡镇多数只有一万多人，上了三万人的乡镇就算大镇了。场镇规模也不大，许多集镇就只有几百户人家。场镇建筑大多以小多层、商住两用房为主，上个世界中叶的建筑保留下来的较多，现代化的高楼基本没有，居民纯朴，民俗风情浓郁，农耕文化传承较好，许多乡镇都具有文化研究价值。

位于瓢井镇场口的牌坊（万灵摄）

瓢井镇位于大方县北部，距县城 42 千米，东与大山乡接壤，南接三元乡、达溪镇，西抵兴隆乡，北邻长石镇。全镇辖瓢井、中洞、小洞、油沙、新街、中寨、三合、平塘、连坪、坪兴等 10 个村和瓢井居委会。人口结构属多民族杂居，少数民族人口占总人口的 13%。

大纳公路是一条连接川黔、路况较好的二级路，大纳公路经过瓢井镇 9 千米，所以交通显得很便捷。当地一名老人对我讲，现在瓢井交通发达，每个村都通了水泥路，出行还是很方便。但在过去瓢井是交通很落后的地方，出行只能步行，到大方都要一天的时间。

老人还介绍,从前贵州不产盐,黔北地区食盐主要由四川供给,经人背马驮运输至瓢井。作为当时川盐转运站和集散地的瓢井集镇,曾有"三省通衢""八大字号"之称,是大方县乡下最大的集市,人气很旺,街市繁华。

瓢井镇附近赤水河(李刚摄)

老人的话在大方县文史资料上得到证实。据资料载:清朝至民国时期的瓢井(时称飘儿井)是黔西北重镇,地理位置扼川滇咽喉,治黔北镇钥,曾为川滇黔三省的官商重镇。盐运业发端于明初,大兴于清康、乾之时,旺盛在清咸、同年间,衰落于民国中期。由于盐运业的带动,各业兴旺,周边省县百物至瓢井交流,互通有无,互补余缺。瓢井镇街上曾是商贾云集,百业昌盛,市景兴隆,一派繁华景象。抗战中,川滇公路建成,盐运改道,瓢井才逐步结束了百年的盐运繁华。

在瓢井镇平塘村考察赤水河时,当地人说,赤水河边土地肥沃,水流充沛,非常适合种植李子,现河溪两岸已形成了两条优质李子带。平塘村李子远近闻名,具有香、脆、甜、含糖量高等特点,每年7、8月间成熟,饱满圆润,玲珑剔透,形态美艳,口味甘甜,吸引了不少外地客商。它既可鲜食,又可以制成罐头、果脯,全年食用。其功效较多,可生津止渴、促进消化、清肝除热、利水镇咳、降压导泻、美容养颜。

陈家祠堂是瓢井场上现存不多的古建筑,造型是全瓦木结构,房上是飞檐翘角,长长的正房坐南向北,下十余级石梯,又左右各延伸出两排厢房,中间是石料精工铺就的大天井,典型的三合大院,正前方开怀敞亮。天井四角雕刻有梅花图案,正房的中间空高无楼,是陈家祭祖的地方。大堂有一块像九龙壁一样的镂空木雕,高一米,长十余米,稍往前倾斜,大气磅礴,其雕刻内容是古代"弃官寻母""哭竹生笋"等二十四孝图。其余抬担、穿枋、吊檐、立柱、斜撑上都是木刻浮雕,人物为"桃园结义"和"三国归晋",人物表情各异,惟妙惟肖。正房两侧有楼底两层,分隔成小间,可住人。最右侧被高高的围墙从后方包围过来,是过去陈家的花园,左下面有个叫太极图的小山包,还残存一个石碉堡,天井下方是高高的堡坎,无路进出。

等着乘船到赤水河对岸的乡民（郭可夫摄）

出了陈家祠堂，我按照瓢井镇政府值班人员的提示，前往瓢井场南郊的观音阁旧址考察。观音阁是一处具有宗教文化积淀的名胜古迹，相传观音阁由元觉殿、观音阁、灵官殿、斗姥阁等四幢庙宇构成。整个建筑背靠高岩青山，前临数十丈深的绝壁悬崖，斗拱飞檐，雕梁画栋，青瓦红墙，青石栏杆。可惜这一气势宏伟的古代建筑已被毁，我只能从丁瑜章先生《瓢井镇观音阁旧址》一文中管窥一二：

观音阁遗存了残碑一块，碑上布满阴刻楷书，主要文字是："井场之南有鹅项颈焉。岩谷幽邃，石洞深藏。父老传闻，前清庆、道年间，飞来观音佛像一尊，普救世人。凡士夫之失意，妇女之遭灾，无不立祷立应。先辈假神道设教之言，创立杰阁，而禅房花木，争相玩赏。后遂以为玩观之地，重复因高就下，增造元觉殿、斗姥阁，更觉布置天然，不似人间所有。"

丁先生印象中的观音阁是壬子年（1912年）所重建："倪君叔荃总办小河厘局，奉太夫人避暑于井场之西街。一日，侍夫人拈香拜佛，谓首士等曰：'此间基址颇佳，惜结构未尽其妙。'遂约席君少庭，邀集盐帮筹款"（以上文字引自丁瑜章文章）。

在场镇走访中，有街坊老人给我讲起同样不复存在的春秋祠。相传该祠位于场镇北街与平街交界处，约1886年所建，建筑风格为清朝建筑，很有气势，工艺匠心。对此，高君儒书中也有记述：

临街牌面以精工料石砌成，镶嵌石雕作品数十幅于照壁上，内容为"哪咤闹海""太公钓鱼""武王伐纣""文王演易""浮屠圣朝""火烧琵琶精""童子拜观音"等，每幅图案1米见方，雕刻工艺精湛绝伦。大门前两边各立一只石狮子，威武雄壮，傲视东方，口内圆宝，以精工整石雕刻，滚动自如，又不能掏出。祠内正殿塑有关云长坐像，手握《春秋》一书，神态逼真，威武慑人，左立关平，右立周仓，高1丈许，柱上刻有对联："孔夫子，关夫子，两个夫子；作春秋，看春秋，万古春秋。"

据当地人介绍，除了观音阁和春秋祠，过去瓢井街上还有川祖庙、嫘祖庙、牌坊等古建筑，分布在北街、南街、西街、平街、毕节巷子、半边街等。可惜这些古迹都基本消失，留给我的只有当地人的点滴回忆和一声沉重的叹息。

四十四　大方县大山苗族彝族乡

　　大山苗族彝族乡属赤水河流域上游乡镇，位于毕节市大方县中部，东北与金沙县接壤，乡境内北邻果瓦乡，西与瓢井、长石两镇相连，西南邻三元乡，东南接星宿乡。乡镇经过多次历史变迁和更名，于1991年定名为大山苗族彝族乡，全乡面积83平方千米，人口1.32万，其中苗、彝等少数民族占30.3%。因该乡位于云贵高原著名山脉公鸡山的山腰地带，故取名为大山。"一坡三个村，十里不同天"是对大山乡地形地貌的形象写照。

　　赤水河从公鸡山脚穿过，横跨该乡的多个村落。这儿的赤水河被称作为赤水河水系，主流河段叫格里河，往下游到三岔河口的地方叫马洛河。格里河主要由支流蚂蚁河、花底河组成，此河段两面高山，河流在峡谷中通过，其间有很多没有具体名称的小溪注入。赤水河及其支流在大方县的大山、瓢井、三元、达溪、果瓦等乡镇婉转盘旋，左冲右突，时而积水成库，时而相拥奔流，形成许多山水组合的美丽场景。由于该区域落差较大，森林覆盖率较高，每当大雨过后，到处可见瀑布高悬，景观突显，美不胜收。

专家沿赤水河两岸考察（张采秀摄）

　　大山乡经济作物不算丰富，农户多数居住的是传统土木民居。当地农民给我说，赤水河流域在这里是封闭的，没有当地人指引你根本找不到出境之处，河流一时向西，一时又向东，循环往复。河边两岸多泥石流，一场大雨过后，河道就会发生很大变化，河边也无法生产和居住，有时种庄稼的地块都找不到。

贵州是个多民族的省份，但蒙古族很少，据我所知在贵州只有凤山是唯一一个以蒙古族命名的乡镇。大山乡与凤山相邻，也有少数蒙古族同胞居住，但生活习性已有了很大改变。大山地区的少数民族以彝、蒙、汉、白、布依为主，多民族杂居，形成了当地丰富多彩的民族文化风情。

大山乡地域内有公鸡山和马干山两座大山。公鸡山位于纳雍、大方交界处，覆盖多个乡镇，山体高大峻拔，奇观异景随处可见，山形逶迤，风景秀丽。相传这里以前是一片肥沃的田地，杂居着布依族和苗族。后来一只蜈蚣精看上这里，占山不走，经常刮风放毒，把庄稼连根带泥拔起，毒死人们喂养的六畜。玉帝得知此事后，派天兵化为一只公鸡来降伏蜈蚣，双方大战七天七夜，筋疲力尽、满身是伤痕的蜈蚣只得向公鸡求饶，公鸡怕它反悔，变成一座大山把蜈蚣镇压在山下。人们便把这座神山取名公鸡山，年年都要朝拜。

马干山的山名来源于彝族"马干"两字，是彝语的汉文音，意思是"驻兵的坝子"，而"山"字则是采用汉字，"马干山"是两种语言组合的新词。在水西时期，皇家贡品水西马，就产于此地。山脚的大草原叫做马干山草原，由平地草原和山地草场组成，面积约 12 平方千米，有万亩草场之称。多民族的团结融合，给茫茫的大草原注入了新的生机。春天草长莺飞，百花盛开，夏天草木殷实，牛羊成群，秋天万亩荞花争艳吐蕊，冬日苍茫白雪铺满原野，四季美景轮换，美不胜收。

四十五　大方县三元彝族苗族乡

三元彝族苗族乡位于赤水河上游地区的大方县中部，面积 96 平方千米，人口 1.49 万，其中彝、苗、白等民族占 51.6%，是赤水河流域乡镇中少数民族相对集中的乡镇。境内有花底河、费垄河等赤水河支流，其中风景秀丽的花底河以河水清澈透底闻名黔北。

赤水河源头（李刚摄）

三元乡东与星宿乡接壤，南与百纳乡毗邻，西与凤山乡、安乐乡、达溪镇相连，北与瓢井镇、大山乡隔河相望。在地形结构上呈东南高、西北低的斜坡状。行政区划几经改制，于 1991 年置三元彝族苗族白族乡。乡人民政府驻地在云贵高原的猴子山麓双龙场，当地又叫老蛇窝，海拔达到 1480 米。场镇的两边有两条高耸山脊，绵延数里进入大山之中，当地人称为双龙戏珠，场镇因此而得名。全乡山高坡陡，河谷深切，沟壑纵横，溶洞千姿百态，伏流曲径通幽。间有坝子耕作，地形地貌复杂，地面多为岩溶丘陵，是山地、丘陵与喀斯特地貌相混合的地带。

三元乡文化历史厚重，旅游景观较多，不仅拥有独具特色的民族文化，还有风光绮丽的撮坝古遗址、别具洞天的燕子洞、水温适宜的撮坝温泉以及如诗如画的猴子山风光。

撮坝古遗址

四十五 大方县三元彝族苗族乡

撮坝原名撮窝坝，位于猴子山脉的花底河岸上，横居于山环水抱，风光绮丽的山峰下，是一个相对古老的乡场。撮坝古建筑群于清光绪初年（1874 年）基本形成，在清朝宣统年间（1909—1911 年）修建有财神庙、文阁庙，离场不远还有屯上营（地名）遗迹，在此发生过许多重大历史事件。

据当地文化人口传，清康熙年间，吴三桂带兵西进欲平复水西，水西将领安坤来到此地，观察屯上地形险要，决定在屯上修建三个营地抵御吴三桂的进犯。在屯上营快要修好的时候，水西军师认为"防御不足，进攻可行"，于是终止修建，在此留下了一处没有经历战争的历史遗迹，三座营留下的石墙、营门现今尚在。

吴相云是 20 世纪 20 至 30 年代的绿林首领。1930 年夏，吴率领 200 多人组成的绿林军由毕节开往撮坝街，与瓢井八大盐号蓄养的保商武装盐防军在干岩洞一带发生战斗，是役盐防军大败，共死亡 12 人，只得退回瓢井，吴相云打赢胜仗后返回金沙。

1938 年 11 月 5 日，"中国工农红军川滇黔边游击纵队"贵州支队叶少奎率部 800 余人东进大方，宿于撮坝街。后叶少奎部转移至普底乡革左梁子时被国民政府保安二团秘密包围，游击队拼命突围，但伤亡甚众，叶本人也不知所终。

作者（左一）在赤水河流域做田野调查（魏敏摄）

燕子洞

燕子洞位于三元乡政府西两千米的山崖下，由雄雌二洞组成。两洞相距 100 余米，风景各异，别具洞天。

雄洞洞口向东，是独眼洞，洞口与织金县打鸡洞极其相似。洞底部较为平整，洞中开阔，宽约十余米，洞高 50 余米。沿洞口西进约 50 米，有一洞厅钟石乳发育良好，形状各异，有的如剑如矛，有的如笋如冰，有的悬垂倒挂，有的接地而生。洞中清泉汩汩，沿流水方向而进，地面岩石微微斜缓而上，岩浆在上凝成田垄，流水自上而下，仿佛世外田园，被当地人称为"千秋闲田"。沿溶洞西行约两三千米,便听到水声隆隆,哗哗作响,这便是地下伏流,也称阴河,传说此阴河通往四川岔河。此洞还没有开发,无照明设施,通行不便。

雌洞靠北侧,洞厅宽敞,可容 500 余人。洞内岩浆之石破土而出,洞壁石岩如帐如幔,如玉石雕砌,有的像千年古塔,有的像古屋民居,蔚为壮观。

猴子山

在大方县城东北角 30 千米之外,有一座高大的青山,那就是享有盛名的猴子山。当地有诗云:"远看近观一青山,气势峥嵘云烟连;春夏秋冬生意在,数峰秀色映碧潭。"

猴子山雄壮高峻,景色靓丽。从远处遥望,凤山、九龙山、白泥山等诸峰与猴子山遥相对峙,猴子山地形高大挺拔,岚腾雾绕,气度非凡,在诸峰中尤为显眼。

我们是下午进山的,到达山腰已近黄昏,由于天气晴朗,绚丽多彩的晚霞烧红了半个天空,也给大山增添了无穷美丽。放眼望去,"千条彩虹碧空映,万树云花尽着晖",美不胜收。随着暮晖渐渐散去,在倦鸟归巢的声声啼鸣中,不由让人想起陶翁"此中有真意,欲辩已忘言"的诗句。

猴子山物种较多,山脚以杉木、柏杨、桦槁等乔木为主,山腰主要生长着四季常青的灌木,山顶是箭竹和杂草。猴子山的绿树草地间生长着天麻、金银花等药材,以及猕猴桃、毛栗、杨梅等"山珍"。杜鹃树随处可见,有的老态龙钟,有的亭亭玉立,树树枝叶叠翠,浓荫密布,空气甜润清凉,环境凉爽宜人。

撮坝温泉

三元乡撮坝温泉位于三元乡群丰村上河组,在赤水河上游的花底河上游河床内,距三元乡政府驻地约 10 千米。温泉出水标高 1387 米,与河水面平行,水温达 40℃左右,属于天然优质含偏硅酸的重碳酸钙镁型水质,流量较大,富含多种微量元素,动态稳定,未遭受工业及农药的污染。

根据有关专业部门鉴定的资料介绍,该温泉的物理性质、化学成份、卫生情况等均符合国内外温泉水标准。水里含有多种矿物质,对治疗皮肤病、关节炎等病有很好的医疗价值。据当地老人高树昌讲,以前医疗条件差的时候,每逢冬天脚上有冻疮的人,或是有皮肤病的人,到温泉里泡几次,疮和皮肤病就好了。另据当地民众说,冬天下大雪的时候,温泉出水处有 20 平方米左右的地方不会积雪,且水口处尤如喷放烟雾的蒸笼,气雾缭绕,宛若仙境。

四十六　大方县果瓦乡

果瓦乡为贵州省大方县下辖的一个乡，位于大方县城北面，距县城约80千米。该乡共92.76平方千米，东与金沙县太平乡接壤，南和本县大山乡相邻，西抵本县长石镇，北和金沙县马路乡连接。

我对果瓦乡乡名的由来比较感兴趣，它是少数民族语言的音译，还是地域特点的概括？带着疑问，我查阅《大方县志》等史料，又走访当地老教师，但都说法不一。

赤水河河岸的悬崖（龙启权摄）

有说果瓦原为锅凹，仅地形而像之；有说果瓦是官员所赐，但来源无从考证。按照当地政府和乡土专家的解释，白果树（银杏树）在当地有神树之称，此地又有烧制土瓦的历史，加之地形也像一片仰着的瓦，故取神树的"果"字与产物的"瓦"字合成此名。不过，我认为少数民族音译的可能性更大，因为这个地方很早就居住着彝、苗、白、仡佬等少数民族，锅凹属彝语，但后来演变为果瓦则无史料考证。

赤水河水系在果瓦境内有两条支流，一条是果瓦河，另一条是二道河（亦称马洛河、格里河、聂尔第河）。果瓦河又由两条支流组成，分别发源于茶元村枫香林和新林村的汀子洞周家龙洞，在大坝子合流后流向二合岩进入马落河上游，向北流出乡境最后进入赤水河。二道河流域面积1303平方千米，发源于大方县新民乡，向北经雨沙、柿树、隆里、沿毕节、金沙县界至金沙石汇入赤水河,干流长 75 千米,平均坡降约 19.59‰。

山区秋景(龙启权摄)

果瓦乡是一个多民族杂居地,文化底蕴厚重,有不少值得一提的历史古迹,现保存较好的古银杏、古铁杉、古驿道、古彝文碑被合称为"四古"。由于时间原因,我只考察了古银杏和古彝文"两古"。古银杏树在乡政府办公楼前,直径 1.5 米,粗壮挺拔。古彝文碑位于乡政府左侧约 1 千米处,立于杨凤山父子合葬墓前,整碑高 1.28 米,宽 3.6 米,碑文用彝、汉文合写,由于年久失修,损坏严重。据当地人说,这是目前毕节地区最大的汉彝双文字群古墓。

果瓦乡政府所在地就是旧时的"慕德八层衙"。清道光十五年(1835 年),由彝族土司慕德官(彝族家族的一个名称,非人名)杨凤山从柿树母都(今大方县柿树村境内)迁建而来。衙院当初是按彝制建八层,规划设计用心,建筑规模宏伟,楼台亭阁处可登高望远。可惜仅存遗址,第一层台基左边尚存亭亭如盖的古银杏树,第二层台基已经模糊不清,第三层台基前有民族图案雕花垂带踏跺,第四层台基前有雕花抱鼓垂带踏跺,其余层次已无法分辨。衙院后沟的拱桥桥边有两方石碑,一方阴镌正楷"慕德迁都于此筹资修建拱桥",一方记叙彝族安纯仁率子天健于清道光二十五年(1845 年)建桥的经过。

站在"慕德八层衙"遗址,看着边角散落的各色形状的柱础石,想触手抚摸却又不忍,那可是仅存的残雕遗物,一不小心触碰掉沙粒,可能就触碰掉历史的记忆。踏着爬满沧桑痕迹的残阶,我心里突然有种深深的失落,漫长的岁月,是有多少历史和文化积淀在渐渐被冲淡?果瓦乡乡名源何而来,可能就在这岁月中慢慢被冲淡了,淹没了……

四十七　赤水河源头的威信双河苗族彝族乡

合江到威信的路程并不算远，今年五月，我邀请一位老家是云南威信的泸州朋友带路导游，驱车直奔扎西。我们走的是老路，路况较差，所以下午时分才到。扎西由于受交通条件的制约，经济不算发达，城市风貌平素，但地域文化风情很浓郁。晚上朋友带我去吃威信烧烤，喝扎西米酒，那民风纯朴、场地雅致、风味独特的晚餐给我印象特别深。

给我带路的朋友老家是威信双河苗族彝族乡的，他对那儿太熟悉了，在他的推荐下，我们第二天先到了水田乡，下午便到了他的家乡双河乡。

双河苗族彝族乡是云南省威信县唯一一个少数民族乡，位于威信县东部，东与四川省泸州市叙永县分水镇相连，南与该县水田乡和扎西镇石坎村接壤，西与扎西镇石龙村接界，北与高田乡毗邻，全乡面积 146 平方千米，人口约 3.2 万人，是一个山高地阔人少的乡镇。该乡只下辖双河、偏岩、茨竹坝、过街楼、半河、天池、楠木、蔡营 8 个行政村。乡内少数民族为苗族、彝族，苗族主要集中在天池村、半河村、茨竹坝村，彝族主要集中在天池村的中营、长塆一带，全乡少数民族有 8781 人，其中苗族 8149 人、彝族 608 人，少数民族占该乡人口的四分之一。

双河境内的赤水河（龙启权摄）

因我是来写文章的，对当地文化很感兴趣，在朋友的组织下，晚上席间坐了一大桌地方文人，他们纷纷向我介绍该乡的历史沿革、民俗风情和红色文化等。据朋友介绍，双河在清雍正七年（1729年）属云南布政司镇雄州判下东向化里二甲所辖。民国二年（1913年）为威信行政区第二区，民国二十三年（1935年）为威信县第二区，民国二十六年（1937年）属第一区，民国二十九年（1940年）为双河乡，1969年改为双河公社，1988年设双河苗族彝族乡。这里也是威信著名的革命老区，完整保存有红一军团部双河场驻地遗址、红军长征宣传标语等遗迹。

双河乡整体地势西北高、东南低，最高处为东北部与高田乡交界的李家沟梁子，海拔1897.4米（属威信境内第二高峰），最低处蔡营村赵家坝，海拔850米。山地多，平坝少，地貌以"W"形和"V"形为主。境内主要河流为倒流水、双河，均属赤水河北支源头。

双河山区（龙启权摄）

倒流水源于四川省叙永县南部，西至双河乡蔡营村河口入境，依次纳六井河（源头起于四川叙永县分水镇）、双河、杉木沟河，至水田乡河坝村渡口注入扎西河。倒流水在双河乡境内长13千米，落差70米，平均流量每秒8.84立方米。双河（主要支流为半河、干沟河）由西向东流经比喜坝后折向东南汇入倒流水，最后注入扎西河，全长19千米。威信县境内还有一条罗坭河，也是扎西河的支流，该河发源于扎西镇石龙办事处的马牛光沟。经笔者考察和实地走访，这里应是赤水河北支真正的源头。赤水河北支都发源于大山的北坡山谷之间的小溪，水源为下雨时的积水和山泉。在大山的另一边是南广河的发源地，南广河流入了兴文县境内，应该属于长江支流（未实地核实），不属于赤水河水系。

在双河乡，朋友带我去苗族朋友家里做客，我亲身体验了苗家真实的生活情景。双河苗族蜡染、纺织、挑花、刺绣都是当地传统文化的重要符号。蜡染裙是苗族同胞的主要服饰，苗族纺织品多用于姑娘出阁或亲朋之间的馈赠。苗族姑娘一般在五六岁就开始学习刺绣，到十几岁时便能熟练绣出各种花色图案。挑花一般以平布做底，图案随意，成品多用于妇女服饰的前衣襟、托肩、袖口、围腰飘带、胸围腰心、背带心、裙摆边、童帽、绑腿带等装饰。

在双河乡，农历正月初二至初七是苗族一年一度的"踩花山"节（其他地方有的是初八，有的是十二开始）。每到这个时候，苗家人身着节日盛装，三五成群，携老带幼，从四面八方聚集到景色秀丽、视野开阔的小山包或山间平地，在山上竖立两根长 1 丈 2 尺、直径 5 寸左右，装饰得五彩斑斓的"花杆"。花杆是花山的重要标志，传说也是天神下界的桥梁通道及其就位的地方。竖花杆的人（又称花杆头）是大家公认的"好心肠的人"，他必须在太阳出山前把花杆竖好，人们便在花山上参加各种文体活动，姑娘小伙跳起欢快的芦笙舞蹈，锣鼓声、舞龙、舞狮、欢声笑语响彻山村，昔日寂寞的村庄顿时成为欢乐的海洋。

双河乡的苗族婚俗与赤水河中游地区有所不同，特别在说媒这个环节，别有风趣，是我了解的苗族婚俗中最特别的。

苗家姑娘小伙会在花山节等活动中选择自己的意中人，如果双方有意，并不能直接自由恋爱，通常由男方请一个媒人到女方家去约定说亲，而不是直接去说亲，主要是要先约定说亲的时间。去说媒那天，必须有四人同去，还有主媒和副媒（男方媒人和女方媒人）之分。主媒要手拿红色油纸伞，背牛角酒瓶一对，副媒铺程（羊毛毡做的包裹），另要请一人背烟酒等礼物，同时要带上男方叔父。人到女方家后不能直接进入家门，要站在大门外先唱一首礼义歌，等女方打开大门，从大门进去。媒人把礼物和铺程挂在堂屋左方的中柱上，表示对主人的尊重。当天女方父母一般不表态，到第二天和第三天，男方媒人要恭恭敬敬地在女方父母面前吟唱《开亲歌》。第三天早上女方要宰一只鸡弄净，整只煮熟，端放于堂屋中央的桌子上。女方如不同意，鸡头朝外，意在送客，媒人知趣而走。如鸡头朝里，则表示同意，媒人就要进屋详谈。说好后，女方要请吃"放口酒"，到此男方和女方就可以正式恋爱，慢慢接触了。男女方经过交往了解后，双方都有意，男方就可以提出结婚的请求，这在苗乡俗称"吃酒"。婚后三天，新郎新娘备办礼物，回娘家拜望父母及众亲，则称为"回门"。 其余习俗同于其他地方苗族，不在此赘述。

四十八　夜郎古镇说夜郎

夜郎镇位于桐梓县北部，距县城 52 千米，东面和北面与新站镇毗邻，南抵大河镇、楚米镇、习水县仙源镇的结合部，西与重庆市綦江县接壤。全镇地域面积 148.1 平方千米，最高海拔 1720 米，最低海拔 560 米。撤并村后全镇共辖 10 个行政村，91 个村民组，总人口约 2.53 万人，境内居住着汉、苗等多个民族。

桐梓县境内地形地貌"山峡平地"特征明显，在大山中间，有着很多相对较宽的坝子，而这些坝子就是人们生活居住的地方。夜郎镇是在夜郎坝上的一个具有历史文化传说的古镇，原来是黔东的政治、经济、军事、文化中心，有"黔东重镇，滇楚锁钥"之称，史书载："欲通云贵先守镇远"，镇远就是夜郎坝那地方。夜郎镇早在唐朝时期是夜郎县所在地，而夜郎坝为唐、宋夜郎交通要道。北宋宣和二年（1120 年）撤夜郎县后，仍为黔北交通要道之一。明初，古驿道改出松坎后，夜郎沦为农村集镇，交通相对闭塞。

夜郎之地群山耸立，诸水并流，东扼入湘之门户，西为滇黔之孔道，既是京师与滇黔保持畅通的驿道，又是中原往云贵高原的重要通道。夜郎是一片古老而神奇的土地，自唐贞观十六年（642 年）设置夜郎县以来，历经 1300 余年世事沧桑，仍保留其名，是整个古夜郎国中，唯一以夜郎命名的乡镇，因此总会引起文史爱好者的关注。

桐梓河一角（龙启权摄）

古夜郎国地界历来是中原进出西南地区的必经之路。从古至今，中原通往西南地区的主要通道有两条，一是由"蜀道难、难于上青天"的四川分支，分别经泸州、西昌进入贵州、云南；二是由武昌、长沙、沅陵经新晃进入贵州和云南。汉武帝建元六年（前 135 年）番阳令唐蒙上书说："诚以汉之强，巴蜀之饶，通夜郎道，为置吏，易甚。"汉武帝令唐蒙为郎中将，带领精兵千人，辎重万人，从巴符关进入夜郎，修建道路。

汉代到唐代，进入贵州、云南的驿道都经过四川进入的。元、明、清通往贵州、云南的驿道开始分别由四川和湖南进入。明洪武二十四年（1391 年）六月，"遣官修治湖广至云南道路"。清代的云南官路属官马南路，路线由北京起经正定府、开封府、武昌府、长沙府，再经贵阳府到云南府。北京到长沙、贵阳、云南府的距离分别为 1721 千米、3667 千米和 3936 千米。"东来荆楚行将尽，西去黔滇路转长"。在明清时期，新晃是重要的古驿中转站，因为新晃处在进出西南地区必经之路上。在云贵高原余脉的武陵山脉与雪峰山脉交错之地，形成了新晃通向贵州的无水河谷阶地，这一河谷阶地就成了中原进出西南地区的咽喉要道，从古至今的驿道、商道、国道、铁道都选择穿越这里。

据桐梓县的资料记载，秦及汉初，夜郎已进入定居的农业社会。地多雨潦、少牲畜、无蚕桑，但林木和矿产资源丰富，与巴、蜀、楚、南越均有经济联系。蜀地的枸酱等土产，常经夜郎运到南越。西汉初，竹王多同兴起于遯水（有一说为今贵州北盘江），自立为侯。建元六年（前 135 年），武帝遣唐蒙入夜郎，招抚多同，并于元光四至五年（前 131—前 130 年）在其地置数县，属犍为郡。汉对西南夷的经营从此开始。元光六年（前 129 年），汉在西南夷地区设置驿站，以便交通；同年，司马相如等又奉使宣抚。元鼎五年（前 112 年），武帝征南越，因夜郎等不听调遣，乃于翌年发兵平定西南夷之大半，在其地设牂牁郡与夜郎等十余县，同时暂存夜郎国号，以王爵授夜郎王，诸部族豪酋亦受册封。西汉末，夜郎王兴与句町王禹、漏卧侯俞连年攻战。河平二年（前 27 年），牂牁太守陈立杀夜郎王兴，夜郎国灭。

建夜郎国者究系何族，众说纷纭，史学界主张彝、苗、仡佬、布依等族先民者均有之。传世贵州古彝文经典《彝族世系》有"彝族天生子，多同来抚育"，"多同权威高，多同天宫主"，"祖宗变山竹，山竹即祖宗"等记载；传说多同亦称金竹公，可见彝族视多同为祖先。据今在威宁县出土的汉代陶器上有刻划符号四十多个，其中二十八个一般认为是古彝文，初步确定汉代贵州西部已住有彝族先民，并具较高文明，夜郎国或即为彝族所建。按夜郎及其附近诸部落自战国时代以来便与秦、楚、南越诸地有贸易关系，至西汉成为汉郡县后，日益受到汉文化影响，中原的铁制品、手工业品、生产工具与灌溉技术等都很快输入夜郎地区，近年考古工作者在这一带挖掘的很多汉墓中的遗迹可以佐证古代历史渊源。

夜郎镇内有夜郎古城遗址，建于何时无所考，属于什么时候的夜郎国国都有待进一步考证，但古城遗址是准确无误的。古城址位于现在的夜郎坝，夜郎坝是个山峦四围的小盆地，盆地西面山坡台地上有条小街，住着 100 多户人家，人称夜郎坝场。古场街道呈折尺形，街心为青石板鱼脊形街道。古街建筑还保存有不少清末民初原始风貌。一条条青青的石板铺就的古街似乎延伸到了遥远古代，大量的古代民居历经磨难后依然诉说着百听不厌的沧桑故事。由于地理位置的特殊，自古以来这里就是商贾云集的地方，随着大量的中原文化的传入，留下了与众不同的民族交融文化。

作者（二排右七）参加古代西南出海丝绸之路考察小结会并共同发布赤水河共识（张采秀摄）

夜郎镇内人文景观比较丰富，唐代大诗人李白曾被流放到这里，留下了众多诗句，人们为了纪念他，还为他立碑、立墓。现在夜郎场周围的许多古迹，都是由此而来的。《儒林外史》中记载的"歌舞之地"，指的就是古代夜郎古国的政治中心。据有关资料记载，在夜郎这地方，曾经聚居着侗、苗、土家等22个少数民族，众多的民族，留下了大量的与众不同的民俗文化。

夜郎因李白曾流放于此，历代达官显贵，多有所至，为此而留下很多古建筑和人文景观。现今纪念李白谪贬夜郎的遗迹有太白坟、太白泉、望月台、百碑台等。

在夜郎镇境内还有宋墓杨八坟、宋代木攀首领赵泰、播州夷族杨光荣墓（俗称"太白坟"）、夜郎宋墓群、七孔石崖墓、陈天官墓、大屋土司衙门遗址、狮子山夜郎县城遗址、铧尖山土炮及战场遗址等。

夜郎镇宋代墓群是很有价值的宋墓群，对历史的研究有着重要的价值。据《贵州史专题考》记载，古夜郎在春秋末期为一小国，自唐代始设州。夜郎始于安顺，到最后，即宋代的夜郎一郡二县基本在今桐梓县境内。目前桐梓人还喜欢把自己的城市称为夜郎城。但从古至今一直以夜郎为名的只有夜郎坝的夜郎镇。夜郎国从春秋至汉帝国灭夜郎王，立国有600余年，历史不算短，其都城可能经过多次变换，说古都城在夜郎、安顺、遵义、花溪、福泉、赫章、兴义、关岭、沅陵、沾益等都是有可能的，只是需要进一步挖掘和佐证。

杨八坟是夜郎境内的宋代古墓之一，根据民国《桐梓县志》记载"石刻最古，疑为明土司之墓"，表明墓葬早在民国前就暴露于外，当地居民传言是杨家将中的杨八郎战死之地。根据考古清理发现，这里的宋墓一共有五座，其中夫妻合葬墓两座，另一座女墓与其他墓葬的关系不明，但可以肯定其为宋代。杨八墓的规模较大，最大的三号墓可容纳 10 多人同时在墓室里开展工作，该墓的石刻精美，其中一幅背印牵马出行的石刻，表明墓主可能为当时的政府官员。墓内所葬人数及其性别，否定了民间其为杨氏兄弟墓的传说，但专家称，仍不能排除墓主姓杨的可能性。

2018 年 9 月 15 日，贵州省夜郎文化研究会、桐梓夜郎文化研究会以及部分川黔渝桂研究者聚会贵州省桐梓县探讨古代的夜郎文化（王成摄）

在夜郎镇铧尖山有一座年代久远的古城堡，古堡倚山而建，形状如一把椅子，占地约 27 万平方米，房屋建筑数间，以石条建成，两边有排水槽，下有一条宽阔的石板路梯级而上，条石梯路至今清晰可见，此路从山顶连接到山腰。在山顶处，除了有一门清朝中晚期夜郎黔北号军起义领袖王正儒建造的大炮外，还可以看到形成小院落结构的石条以及排水槽。根据《桐梓县志》记载，清代咸丰年间，当地团首王正儒，曾在铧尖山构筑军事防御工事，这是当地唯一有关铧尖山建筑的文字记载，说明铧尖山古堡是一处军事设施

夜郎镇给我的感觉是这地方真的历史悠久，夜郎文化厚重。这里不仅有着深厚的文化底蕴，还有让人刮目相看的青山绿水。在主峰铧尖山俯瞰全镇，丘陵、盆地、河流交错掩映，似一幅美丽的图画。境内山峦起伏，沟谷纵横交错，风景优美，气候温和，民风淳朴，物产丰富。也许是我去考察时，泸州地区连续高温，在合江的每天都被炙烤着，整个身体几乎像要融化了，但到了夜郎坝，老天温和了很多，在绿茵掩映的铧尖山上，空气清新，给人一种清凉舒心的感觉，这种感觉植入我的心中，让我总是回味。

附录一:

中国·泸州：赤水河共识

西南中国，乌蒙深处，一条隐藏的古蜀文化之脉，一条近似绝版的原生态和原形态的河流蜿蜒而出，奔腾至合江城下汇入长江——这就是近代因红军四渡而名满天下的赤水河，更是远古华夏以唐蒙等为代表的中原文化侵润金黔大地的水上主通道。在2015年7月20日至7月29日的10天里，由四川泸州·酒城新报组织的"古代西南出海丝绸之路专家考察活动"的第一阶段（川黔边段）中，以蓝勇、彭邦本先生为代表的考察团，还证明这条河是古时川黔间政治、军事、经济、文化交流的通道，是民族融汇与人口迁徙的通道，证明她是通往夜郎的重要道路，也是南方丝绸之路网格状布局中的主要干线之一，长期发挥着多功能、多层面、多角度的重要历史作用。

一、保护赤水河不仅是保护长江支流的原生态，更是保护中国河流的原形态

发源于云南省镇雄县，流经昭通、毕节、遵义、泸州四个地级城市的赤水河所在流域，位于我国地势第二阶梯的边缘，峡谷陡岸，流急滩险，拥有秀丽的自然风光及较为完整的生态环境。

西南出海丝绸之路考察专家们认为，赤水河是长江一条仍在自然流淌的一级支流，拥有原生态和原形态，是长江50%以上鱼类品种的自然栖息地。赤水河干流及主要支流，必须持续健康状态，才能支持流域内社会、经济发展和人类福利；固守长江流域的唯一生态河流的底线，才能为中国河流立下原形态的标杆。专家们呼吁：川滇黔三省应从赤水河流域整体可持续发展的高度来研究对应举措。

二、寻迹赤水河，不仅是寻迹西南历史遗存，更是寻迹中华民族和谐共生格局形成和巩固的过程

旧石器时代开始，再从张仪、司马错取黔中伐楚到夜郎道的形成，赤水河承载着云贵高原犬牙错落的文化与南移的巴蜀文化互融互通的大任，多民族在流域内创造了灿烂丰富的历史，赤水河沿河众多墓葬铭刻、摩崖造像、民居牌坊、雕刻绘画，或以中原文化，或以部族方圆，或以消失民族等形态，标识出流域内的厚重文明。

溯河进入乌蒙深处，顺河汇入巴蜀腹地，赤水河成为民族迁徙与人口流动的脉管。在这条通道上，经年累月以官道、兵道、商道的不同符号，不同时期呈现不同角色。在物流、人流和信息流通道的基本属性前提下，赤水河把自然景观、风土人情、贩夫走卒、族群互动、文明消长等等集于一身，构成一种原始神秘、兼容海纳、喷薄催新的遗存特质，为流域内文明的助推和民族的融汇，日夜流淌，奔流不息。

三、赤水河，不仅是承续山川自然的载体，更是多元一体的中国文化的本真表现

千万年穿梭于群山大岭的赤水河，吸天地灵气，集涓流于一身，围绕水系展开的故事和演绎的文化，已成为经典甚或范本，在流域内外生生不息。从茅台到郎酒到习酒，酒的精灵蹁跹婀娜，美酒河起伏着中国白酒金三角核心腹地不息的胎动。从河舟文化衍生的船帮纤夫，从民族文化传说的祖承与血脉，从墓碑坊棺具象的石刻文化，从中原到西南的各族人民，共同托起了水乳交融的文化群雕。八十年前红军四渡赤水的浓墨重彩，尤其为中国军事文化添上了点睛之笔与经典记忆。

赤水河文化，本质就是中华民族繁衍生息的文化；赤水河文化，本质就是中华民族拓土生存的文化；赤水河文化，本质就是中华民族融合共生的文化。

四、研究赤水河流域多样态文化，在"一带一路"倡议的国家发展利益格局中彰显独特价值与魅力

加快赤水河流域文化研究有必要立说立行，参加古代西南出海丝绸之路考察的专家们一致倡议，建立赤水河流域文化研究平台，让众多流域内外专家学者投身其中是当务之急。

赤水河流域文化的研究中，历史、文学、艺术、人类学、民族学、民俗学等等，都应概括其中，形成争鸣与交响的立体声势并争取卓越成果。在对鳛部的研究中，可以逐步理清方族部落的由来与迁动；在对酒体的研究中，可以逐步理清美酒的原本与特征；在对原生态、原形态的保护中，研究人类宜居宜游的心灵载体，对打造环赤水河旅游线作理论支持；在对黄金湾汉人中心聚落的深度发掘整理中，研究中华民族的聚合张力……为中华民族强盛之路作远古到未来的探究和统筹。

世界正在发生复杂而深刻的变化，顺应世界多极化、经济全球化、文化多样化、社会信息化的潮流，秉持开明开放的区域合作精神，同时立足于本土文化的挖掘和传承，致力于维护本土文化的差异性和民族性，建设具有地方特色的经济文化，是一项巨大的系统工程。当代"一带一路"建设，方兴未艾，西南出海丝绸之路必将融入中华民族和平崛起的国家利益，再现辉煌；赤水河流域必将顺势弘发，光耀古今！

《中国·泸州：赤水河共识》发布人：蔡美彪、胡昭曦、陈世松、陈有和、蓝勇、彭邦本、王兴骥、赵永康、彭华、伍松乔、李殿元、夏洪、庹政、李元胜、何小红、刘丽、禹明先、龙启权、申虹云、张铭、龙周富、涂电林等学者和考察团全体成员

    执笔：赵晓东 张铭
    审定：胡昭曦
    发布：2015 年 7 月 31 日，中国·泸州

附录二：

赤水河通航考述

龙先绪

作者的话：我出生在赤水河上游，在赤水河边长大。家史记述先祖于清嘉庆初年卜居赤水河边柑子坪。青少年时犹见赤水河各种大木船上下行驶，络绎不绝，还有修河队、淘滩、筑坝、修纤道，一年四季十分热闹，给儿时的生活增添了无穷乐趣。曾几何时，赤水河上游不见帆影，一片沉寂，我向人们讲述当年所见情景，他们认为是天方夜谈，赤水河上游是不毛之地，一条小河沟怎能航运？因此，我查阅地方历史文献并作实地考察，冒着盛暑赶写此文，旨在留存和还原一段史实。

一、河道概述

赤水河是长江上游南岸较大的支流，发源于今云南省东北角镇雄县大湾鱼洞乡大洞口，在云南境内流经镇雄县坡头镇、威信水田乡，至云贵川三省交界处岔河后，一路向东流，至贵州仁怀市茅台镇，是川黔两省的界河。从岔河起南岸有贵州七星关区（原毕节县）的团结彝族苗族乡、生机镇、清水铺镇、大屯彝族乡、田坎彝族乡；金沙县清池镇；仁怀市龙井乡、茅坝镇、鲁班镇、茅台镇。北岸有四川叙永县的水潦彝族乡、石坝彝族乡、赤水镇；古蔺县的马蹄乡、马嘶苗族乡、椒园乡、石宝镇、水口镇。又从茅台镇起赤水河转向北流，经仁怀市二合镇、合马镇后，又为川黔界河，东岸有贵州仁怀沙滩乡、习水县习酒镇；西岸有四川古蔺县二郎镇、太平镇。太平镇以下东岸有习水县隆兴镇、民化乡、土城镇；西岸有习水县的醒民镇、同民镇；以下流经赤水市元厚、葫市、旺隆、丙安、复兴、大同等乡镇及文华、市中、金华三个街道办事处入四川，所经场镇有元厚、金沙、葫市、丙安与赤水市区。有大同河连结大同场。再赤水河在赤水境内从元厚至大同切角土丫南北岸皆为黔地，切角土丫往下约2公里与四川合江县九支镇交界，至此，南岸为黔地，北岸为川境。赤水市区往下至鲢鱼溪为赤水、合江界。合江县东岸有车辋镇、实录乡，西岸有九支镇、二里乡、先市镇，在合江镇入长江，全河总长889里（编者注：见本书插图）。

赤水河，清顾祖禹《读史方舆纪要·贵州四》云："赤水卫南，源自四川镇雄府，经城西四十五里之红土川东流经此，每遇雨涨，水色深赤……河当川贵驿道，初以舟济，寻为浮桥。其南北近岸处水浅流阔，船不能及岸，人尤病涉。正统中增造小舟相维，始与岸接。"这说明了赤水河河名的由来及在上游赤水卫河水流量之大。"人尤病涉。"赤水河在古代称谓很多，秦以前不可考。前汉称大涉水，班固《汉书·地理志》犍为郡南广县（今宜宾兴文县等地）云："汾关山（今威信县治西），符黑水（今兴文南广河）所出，北至僰道（今宜宾）入江。又有大涉水，北至符（谓巴符关，今合江县）入江，过郡三（犍为、牂柯、巴郡），行八百七十里。"其长度与今天相吻合。"涉"字，《尔雅·释水》曰："由膝以上为涉。"许慎《说文解字》云："徒行厉水也。""厉"字，在中国文献中最早见于《诗·邶风·匏有苦叶》："深则厉，浅则揭。"方玉润《诗经原始》云："以衣而涉曰厉，褰衣而涉曰揭。"陈子展《诗经直解》、程俊英《诗经译注》均解"厉"字为连衣过河。由此可知古人过河，膝以下的水牵衣而过，膝以上的水，和衣而过。大涉水即是和衣也难过的水，说明赤水河当时水流量大，是很深的。在东汉称习部水，成书于东汉末年的《水经》云："江水又东过符县（今合江县）北邪东南，习部水从符关东北注之。"习部水，盖东周时期赤水河中游有习国而得名，清余家驹《通雍余氏宗谱·世系》云："吾余氏之先曰通雍氏……传至哦海德赫，少子曰德赫辉，其父爱之，命传以国，让于兄德赫隆去，居习部，为习部王，习部即蔺州。"而北魏郦道元注《水经》则云："符县，故巴夷之地也，县治安乐水会。水源南通宁州平夷鳖县，北迳安乐县之东，又迳符县北入江。其习部之水，所未闻矣，或是水之殊目，非所究也。"郦氏未亲临考证，故不知也。东晋时称安乐水，因晋穆帝（司马聃）永和三年（公元347年）割符节县（治所今合江县）置安乐县（治所今合江县九支镇安居坝）而得名。隋唐时称赤虺河，武则天《征云南檄文》、骆宾王《姚州露布》皆提到此名。"虺"字，《博雅》云："虺虺，声也。《诗·邶风》："虺虺其雷。"传："暴若震雷之声。"故虺通豗。豗，《类篇》："相击也"，韩愈《元和圣德诗》云："众乐惊怖，轰豗融洽。"李白《蜀道难》诗："飞湍瀑流争喧豗。"《正韵》："喧豗，共声。"赤水河水石相击，惊涛拍岸，中原人至此为之胆寒，以为是妖魔鬼怪所为，故骆宾王曰："川多风雨之妖。"随着对赤水河的开发利用，至宋元时期人们对赤水河有所认识，不再是那样的惊险，大略在元末明初已改称赤水河了。元成宗大德七年（公元1303年）蔺州阿永蛮雄挫叛，《新元史·云南溪洞诸蛮传》云："雄挫东接罗鬼，西邻芒部，南进乌撒，姻亲相接，滋蔓力强，合以十月初，云南军入暮晖，湖广军自打鼓寨、会灵关入蛮地蔺州，四川军自长宁、鱼槽进讨，会于赤水河雄挫巢穴。"《明实录》洪武十四年十月戊寅（公元1382年1月22日）载："元右丞实卜闻都督胡海洋等兵进自永宁，乃聚兵赤水河以拒之"。《贵州图经新志》卷十七："洪武二十二年置赤水卫指挥使。"从此赤水河名流传到现在。赤水卫治所在今叙永县南的赤水镇，清代至民国十三年（公元1934）均置叙永县赤水河分县。今天贵州的赤水市，原名仁怀直隶厅，光绪三十四年（公元1908年）省裁粮储道，原由粮储道管辖的仁怀直隶厅隶遵义府。但遵义府属已有仁怀县，为避免厅县同名，乃以赤水而代仁怀二字，遂改名赤水厅。

赤水河还有斋郎水、之溪等名称。斋郎水乃吴培《赤水考》，认为赤水河源出仁怀界蒿枝里楚米坡（今桐梓县境），古有苗斋郎居此，故名。之溪是因为赤水河下游至合江段，河道弯曲呈"之"字形而得名。陈熙晋有《之溪棹歌》60首。

二、通航钩沉

赤水河的通航有狭义与广义之分，狭义指的是要津渡口的横渡，广义指的是从上游到下游的全程通航。赤水河的通航与赤水河流域的居民生活、军事行动（兵马未到，粮草先行）、行政建置有密切相关。

赤水河流域的上古居民，据仁怀市云仙寺的考古发掘证明在商周时期就已存在，属古濮人，其名见于《尚书·牧誓》，是当时周代西南方的八个诸侯国之一，其余七个是庸（今湖北省房山县境内）、蜀、羌、髳、微、卢、彭。楚与庸国相攻时，濮助庸，足知其为楚、巴之间大巴山附近地区之民族，尚停留在原始社会，甚为分散，故曰"百濮离居，"其停留故地的必当为楚、巴、秦所征服、融化，惟远徙以上强国势力未达到者乃能生存。其中有一部份西入云贵高原与川南地区势为必然。濮、僰古同音，巴蜀接界之僰道地区有僰侯国，即濮族西迁，得巴蜀所不争之隙地，而建设成为初具国家组织形式之部落，赤水河中游的鳛部即是，后来发展为鳛国，还有鳖国（今遵义境）。其南入贵州高原者，无异族势力侵扰，能在安静中顺利发展，逐渐形成夜郎大国。陈世松、贾大泉《四川通史》第一册179页说巴国的居民中有很大部分属于百濮民族系统的各个支系，四川盆地东部地区多棺船葬，棺具做成独木舟形，两端由底部向上斜削，船头船尾呈上翘状，与水居的濮系民族有关。这说明古老的濮人已用船这种水运工具。

常璩《华阳国志·南中志》云："周之季世，楚顷襄王遣将军庄侨（编者注：侨也作硚）泝沅水出且兰以伐夜郎，植牂牁，夜郎又降。而秦夺楚黔中地，无路得反，遂留王滇池。"任乃强《枸酱考》认为夜郎国故址，在今云南曲靖大平原北端，沾益县（编者注：今沾益区）北之黑桥。清代贵州著名学者莫与俦《庄硚考》，则认为庄硚是经枳县（今重庆市涪陵县）溯乌江，至武隆之白马坝，再转溯芙蓉江进入今贵州正安、绥阳后陆行进入桐梓，至鳖县（时为楚国旧邑）后向西攻下鳛国，大军沿赤水河西上进入夜郎。随他而来的"荆蛮"留居黔西北，就是今天的苗族，他们与今天的黔东南地区的苗族在语言、服饰、风俗等方面均有所不相同。

先秦时在赤水河上下游，都有官方开辟的交通路线。古巴国通夜郎商道，从赤水河入长江口处沿河而上，经平夷（今毕节北）至朱提（今云南昭通）转夜郎与滇。旁循赤水河支流桐梓河水道通于鳖国。故巴王于赤水河入长江口处设关，以稽查商贾税货物，验符而后放行，故称巴符关。公元前211年秦始皇统一中国后，开始了对西南夷各部的经营，《史记·西南夷列传》说"秦时，命常頞略通五尺道，诸此国颇置吏焉。"《索引》："谓栈道广五尺。"秦开五尺道是以巴蜀为基地，当起于当时蜀郡南部边境僰道（今宜宾），其中有一条经南广（今宜宾高县、珙县）、平夷入贵州境，过赫章、威宁，再入云南境走宣威到达曲靖。

汉武帝建元六年（公元前135年）番阳令唐蒙在出使南越时，南越王食以枸酱。蒙问所从来，曰：道西北牂牁。唐蒙回至长安，问四川商人，曰：独蜀产，多持窃出市夜郎。夜郎，通牂牁江，江广百步，足以行船。南越以财物役属夜郎。夜郎又有精兵十万。武帝认为南越、夜郎的割据势力，不利于全国统一，便封唐蒙为郎中将，带领千人，用一万多人运送口粮，从巴符关赤水河进入夜郎，见到夜郎侯多同，"喻以威德，约为置吏，使其子为令"，夜郎大国就此瓦解。为巩固其胜利成果，唐蒙计划一面设郡，一面开辟交通。划出夜郎所控制的延江（今乌江）北岸地，分巴割蜀（今川南部分地区），合置为犍为郡，郡址在鳖县（今遵义），因境内有犍山，一名不狼山。犍，野牛，其山盖今遵义市之娄山，古以产野牛，称犍山。为，治也，置郡于此。为开南夷道，故因其山名曰犍为。汉武帝任唐蒙为都尉。领十二县，有七县在四川，有两县在云南。在今贵州的是存鄢（今咸宁境）、汉阳（今赫章）、符县（主要在合江，辖有今赤水、习水地）。

《史记·汉兴以来将相名臣年表》记：元光六年（公元前129年）"南夷始置邮亭。"《华阳国志·南中志》南秦县下有"自僰道、南广有八亭，道通平夷。"平夷县，西汉置，治所在今贵州毕节北境。今四川叙永、古蔺，贵州仁怀、毕节地皆故平夷县境地。平夷县之硗津，即今赤水河上游赤水镇渡口。赤水河上游，大多绝峡崖岸，唯此沙岸平阔，津头开展，能用船渡，故见独称。

南秦县，原名南昌，后改南秦，意为秦世为南徼之义，当在僰道与平夷县之间，即今四川高县与云南威信县接壤地界，故城在威信县附近，秦汉时，有商道循符黑水（今南广河），越汾关山（今威信县治西）入大涉水（今赤水河上源）河谷，至平夷县（明赤水卫故址），东通鳖县（今遵义）。

汉魏晋时，自蜀入滇共有三道：东道自江阳（今泸州），经平夷、汉阳、朱提、味县至滇池。中道自僰道经南广、朱提、味县。西道自旄牛、越巂渡泸。诸葛亮南征，大军由越巂渡泸。李恢取中路向滇池。亮还则从汉阳、江阳取东道。东道险在七星关、赤水河两处。七星关，汉阳县治，与毕节相距90里，其北至江阳七百里，中间有平夷县，道通滇池，亦通鳖县。汉阳县，即今贵州西北之赫章县，是没有河道可供行船的内陆山区。但公元1975年在赫章出土的汉墓铜鼓，鼓面除有几何图形和马纹、车纹外，尚有船纹和立于船中人物，足以说明其邻近的平夷县赤水河的水运当时受到广泛重视。

蜀汉时期，先是东汉献帝建安六年（公元201年），益州牧刘璋分犍为郡东部置江阳郡，治江阳县（今泸州），又领汉安、符节二县，符节县有今赤水市一带。刘备入蜀尚未称帝时，扩张犍为属国置朱提郡，领朱提、南广、南昌、汉阳、堂琅五县，朱提太守加庲降（为招徕降服者之义）都督称号，兼统南中各郡，驻南昌县。章武元年（公元221年），庲降都督移住牂牁郡平夷县。朱提郡五县中，汉阳县为今贵州赫章地。《华阳国志·蜀志》载："符县南有水道通平夷、鳖县"，水已为道，即上航道。《贵州航运史》又载："赤水河……上中游原生型石滩甚少，大量次生型石滩是近代形成的，古代河道条件也不太坏。这就为早期的通航提供了条件。"西晋永嘉五年（公元 311 年）置平夷郡，治所平夷县。赤水河在今茅台上游属平夷郡，下游属江阳郡。愍帝建兴二年（公元 314 年），李雄据蜀期间，曾派江阳太守侯馥在这一带"抚䘏蛮僚，修缮舟楫。"打通至长江水道，说明赤水一带的航运及造船事业已具备相当规模。江阳郡在晋代隶益州，东晋穆帝时，割符节县地置安乐县（今赤水）。标志着中央统治向赤水河系深入，也是赤水河沿岸有县治的开治。

江阳郡在晋安帝时失土，寄治武阳县界，刘宋时又于旧江阳地置东江阳郡，隶益州，治原汉安县，改原江阳名汉水县，新置绵水县，绵水县辖有今习水、赤水之地。南齐时东江阳郡省汉水县，复置晋代的安乐县，为今赤水带有仁怀地，梁时东江阳郡地域不变，只把安乐县改为安乐戍。

隋代以江阳郡旧地置泸川郡，以赤水河仁怀市南境内之九仓河入赤水河处为界，下游两岸属泸川郡，上游属土著区。唐代泸川郡改置泸州，以今古蔺地为中心设置羁縻蔺州，赤水河仅复兴镇以下属泸州，以上属土著区。赤水河连结之相邻州府或地区，如《贞元州封南诏记略》云："贞元三年（公元 787 年），南诏异牟寻遣使三道并发，一道出石山从戎州入。"南诏，辖今云南全部、贵州西部和四川南部地区。戎州，即今叙永县地。宋代仍置泸州，但疆域比原来大，赤水河从今上游水潦乡起直到入江口，两岸均属泸州地域，在中游土城地设置磁州、武都城，下游有九支城（编者注：经考，九支城在今纳溪打古镇古纯村）。

元代以今毕节龙场营卧牛河入赤水河处为界，下游两岸属播州宣慰司，上游属叙州路。播州宣慰司设有仁怀古滋等处长官司行政机构。川盐经赤水河运输供应亦溪不薛（蒙语，即水西）。明代赤水河上游属永宁宣抚司，下游属播州宣慰司。

赤水河流域濮人之后是夷人占据，夷人原住贵州威宁草海边，约在东汉桓、灵帝（公元 147—178 年）时遭到南方部族攻击，带领部族九千人北上，到达今贵州毕节邻赤水河一带征服了当地濮人和羿人小部落后居住下来，在今毕节县（编者注：今毕节市七星关区）赤水河南岸龙场营（夷语称乍者俄姆）修建宗庙，建立部族统治中心，经过 11 世代（德赫辉至墨者扯勒）的开拓，逐渐沿赤水河南岸东向至仁怀南境茅坝一带，并渡河北向古蔺南境，西向赤水河上游北岸叙永水潦，南岸毕节临口一带发展，奠定了部族统治基础，称扯勒部。古夷语称赤水河中上游至今古蔺地区为柏雅妥洪。夷语称部族大宗支为"令"，扯勒部即为扯勒令，令与蔺同音，唐元和初置羁縻蔺州（宋乾德二年废）当系用为州名。扯勒部占据赤水河后，赤水河的航运，正如《西南夷志选》载：交租纳粮如蚂蚁行路，水道运输忙，木船飞驰过。

明代皇木运输是赤水河的一大任务。《遵义府志》卷十八《木政》云："永（宁）、播（州）产楠木，历代南中不宾，斧斤无得而入焉。明洪武初年，建置城郭都邑，营建藩府，皆取蜀材。""永乐四年（公元 1406 年）诏建北京行宫，敕工部尚书河南宋礼督采，前后凡五入蜀，监察御史顾佐亦以采木至。而少监谢安在蔺州石夹口采办，亲冒寒暑，播种为食，二十年乃还。""嘉靖二十六年（公元1554年）奉天殿灾，左副都御史李宪卿乃分派参政缪文龙入播踏勘播州楠木。有儒溪、天全、镇雄、乌蒙、龙州、蔺州之木，并属四川巡抚督率采运。"《仁怀直隶厅志》卷二十云："明贵州参议王重光嘉靖岁甲寅采木至赤水，羿蛮方争，重光率指挥十户至落洪，立诛一、二人、余皆贳之。""明嘉靖中佥事吴仲礼入永宁迤西、落洪、斑鸠井、镇雄采木。"从以上提到的地名看，采楠木遍及赤水河上下游，在赤水河中漂放十分热闹。明正德状元杨慎谪戍云南永昌期间往来川滇，路过赤水河，见此情景作《赤虺河引》，其中写到："层冰深雪不可通，千寻建木撑寒空。明堂大厦采梁栋，工师估容穿蒙笼。此水奔流似飞箭，缚筏乘桴下蜀甸。"隆庆年间贵州提学使吴国伦《赤水河》一诗中也写到："筏趁飞流下，樯穿怒石过。"万历二十五年（公元1597年）至三十七年（公元1609年），北京兴建"三殿"，贵州巡抚郭子章于万历三十六年的奏章中称：贵州采办楠杉大木、柏枋计12298根。播州宣慰使杨应龙，三次献大楠木170根，均由赤水河运输。明代几度采木之役，少者经历十几年，多者三五十年，木材成为赤水河水运的重要物种。

明代贵州开始建省，因明初战事未平，大量军队驻扎于此（设有32卫、24所），食盐大量增加，赤水河的盐运量也在加大。川盐进入贵州的路线主要有四条：第一条是沿乌江上溯至沿河、思南、运销黔东地区；第二条是由綦江上运至松坎驿，转陆运至播州各地；第三条是经赤水河陆运至黔北、黔西北；第四条是由泸州经永宁河至永宁（今叙永县），陆运毕节、乌撒（今威宁）、乌蒙（今昭通）等贵州西部和云南东北部。此四条盐路中，赤水河的水运最长，舟楫增多，起岸后，道路上肩负背扛和驮马络绎不绝。

《贵州航运史》载宋朝以来的茶马市到明代进一步扩大。洪武十七年（公元1384年），规定每年从乌撒市马6500匹，每匹给布三疋，茶1斤（或盐1斤）。五倍子、生漆、桐油、茶籽、黑木耳、白蜡等特产以及麝香、牛黄、天麻、杜仲、艾粉等名贵中药材成为重要产品，外省行商前来采购，输出量增加。松、杉、柏、青枫等木林远销省外，黔北、黔西北木材经赤水河入川江。

明万历二十八年（公元1600年）播州杨应龙叛，吴广率大军沿赤水河而上，进驻赤水河支流桐梓河下游二郎坝，曹希彬由永宁过赤水鄢家渡，进入仁怀南部绩麻山。天启年间奢（永宁奢崇明）、安（水西安邦彦）之乱，战场遍及赤水河流域。赤水河航运主要为军队运输粮草。

三、航道整治

朱元璋建立明朝，以扯勒部本脱鲁宗（明史称禄肇）为永宁宣抚使，为了加强该地区的统治，洪武十三年（公元1380年）命景川侯曹震往四川治道路，凿石削崖以通漕运。10至20吨的盐船可达沙湾塘（今赤水市文华乡沙湾村）。明代末年永宁贡生周焕文在《赤水赋》中写道："于是路接孔道，人歌要津。车驱原隰，舟泛江滨。倒映岑峦而泻翠，平铺锦浪以浮鹢。舳舻毕达，商贾遄征。鹢首鸭头，飞花喷雪。石鲸静而无事舟停，爇木浮而何忧楫折,"以致"开凿之功,至今利赖。"

清代康熙时贵州巡抚佟凤彩疏称:"天下之苦累莫过于驿站,驿站之险远最苦者莫过于黔省。黔省在崇山峻岭中,上则登天,下则履壁。夫抬一站,势必足破肩穿;马走一站,亦必蹄痂脊烂;甚至力不能胜,中途倒毙者有之。"(《黔南识略》)。陆行条件十分艰苦,沿河一代更加重视水运,促进了沿河集镇的繁荣。赤水河兴起的有猿猴、二郎、兴隆、茅村等码头,赤水河上、中游出现了造船作坊,能制造适合航道特点的盐船。贵州西北部盛产铅,清初已大量开采并外运,供作户部与各省造钱币与弹丸的重要原料,朝廷额定每年运解京都及各省的数量为 470 余万斤。主要由威宁、水城、大定、赫章各铅矿产地向毕节集运,过赤水河入永宁,由永宁河口入长江,转运河,北上达京局。该线路又是滇铜入京的大道,每年运铜亦有几百万斤。这一线路尽属山区,全靠人背马驮,因雇马困难,致使人马劳瘁,大量铅铜积压待运。迫使贵州官员积极寻求利用水运的途径,就近开辟航道。

乾隆九年(公元 1744 年)贵州总督张广泗,拣选凯里营都阃府刘奇伟、威宁州吏目王步云、遵义县县尉诸曜、镇远标外司张贵四人查勘赤水河,并绘图,精心筹划开凿。《清实录·高宗实录》卷二三九云:"贵州总督张广泗称,黔省威宁、大定等府、州、县,崇山峻岭,不通舟楫,所产铅铜,陆运维艰,合之滇省运京铜,每年千万斤,皆取道于威宁、毕节,驮马短少,趱运不前。查有大定府毕节县属之赤水河,下接遵义府仁怀县属之猿猴地方,若将此河开凿通航,直可沿流直达四川重庆水次,委员勘估,水程五百里,计应开修大小 68 滩,约需银 47000 余两。此河开通,每年可省脚价银一万三、四千两。以三年余之节省,即可抵补开河之费。再黔省食盐例销川引,若开修赤水河,盐船亦可通行,盐价立见平减。大定、威宁等处,即遇丰欠不济,川米可以运济,实为黔省无穷之利。应如奏办理。"于是委遵义知府陈玉璧、大定知府王允浩、凯里营都阃府刘奇伟、遵义分府(驻今赤水市)胡国英总理河务。借动款 38642 两零,上游自天鼓崖(今叙永县赤水镇)至新龙滩(今仁怀市马桑坪)27 滩,王允浩分办。下游自盐井滩(在今习水县习酒镇)至鸡心滩(在今赤水县元厚镇)41 滩,遵义知府陈玉璧分办。参予的文武官员有:荔波县县丞严文烈、威宁州吏目王步云、台拱营千总郑洪义、镇远镇把总张贵、候补守备刘朝栋,萧振统,曹思文,孔文秀,王太临、郭英、大定府司狱卫勘、黔西协千总施国元、安龙镇外委刘廷方、遵义县典史诸曜、长寨营千总刘太岳、绥阳县教谕周挺、抚标千总姚宗璧、仁怀县教谕薛凤仁、仁怀营千总周国柱、毕节营把总甘彦邦、桐梓县典史颜光刚、抚标把总张起敖、清江协外委郭元章、遵义协千总房育昆、邓士林、凯里营外委周朝贵,共 26 人。熟悉赤水河道的老百姓,如仁怀县两河口吴登举也积极参与献策出力,支金募众,张广泗自省垣踏勘,见之拟赏官,登举不愿接受,广泗书"忠耿过人"四字相赠。乾隆十年(公元 1745 年)十月初一日兴工,至十一年闰三月初一日竣工。

自乾十一年至十四年三月底,经运铜铅 347 万斤,每百斤节省银二钱一厘四毫,计节省银 6988 两。盐运水程也延伸至上游天鼓崖，每年节省脚银数以万计，张广泗奏请增拨引额由赤水河输入，经调整以后的盐运岁额：乌江、綦江两路输入共计 2207 引、1655 万斤，而赤水河输入 1811 引、1358 万斤。张广泗离任后是孙绍武，再后是爱必达继任，乾隆十四年（公元 1750 年）爱必达与大定知府四十七（满族人）、毕节知县凌均往勘赤水河，见"有滩之处，旁有山沟，山水陡发冲激泥石，填积滩路，是必定为岁修之法，每年水涸之时，饬该地方查有淤塞之处，即细勘估详，于节省项下动支，雇夫修检，工完报销，立定章程，庶前功不致废弃。"这时金沙江上游疏河出现问题，朝廷著落原办督臣等分赔款项，爱必达神经十分敏感，立即停止赤水河的维修，并处理当时修河官员。《清实录》卷三五七云："贵州巡抚爱必达新奏，该省赤水河工程，动过银一万七千余两，查自乾隆十一年试运至今，统计节省运脚价一万四千余两，但原议二年抵补，迄今仅有此数，应著令原办之人赔补。张广泗应赔缴六分，无可著追，请著落历任巡抚司道，并协理各员代赔，将孙绍武等名下应赔之数，勒限开单进呈。"皇上谕曰："爱必达所奏，必因金沙江上游无益工程，曾著落原办督臣等分赔，是以如此办理。不思金沙江工费浩繁，上游各滩虚糜无益，自属应行著赔……赤水河非金沙江可比，现在节省运脚银，既不能全抵，将来转运数年，亦即可抵完，何得概令著赔？况已节省运脚一万余两，未完者不过七千，再展数年，即可全抵，乃将动项全令作赔，于情理殊失其平。"并批评爱必达，"如此存心，将不克胜封疆之任"。

自此以后，再没有地方官员整治赤水河，洪水强烈冲蚀，维修养护跟不上，上游船舶运行不正常，以致数年后铜铅停运。道光年间盐船运只能到达天鼓崖下六十里之马蹄滩了。但其物资运输仍是繁忙的。仁怀的小溪、二郎、土城、吼滩等处的茶叶色味俱佳，《遵义府志·物产》云："采叶压实为饼，一饼厚五六寸，重者百斤，"经赤水河运出，"多贩至四川各县。""茅台烧房不下二十家，所费山粮不下二万石，"生产的茅台春，黔省第一，都由赤水河输运。

盐税为川省岁收大宗，后因川盐私销和粤盐、滇盐的影响，岁收锐减，四川巡抚丁宝桢于光绪三年（公元 1877 年）倡导开通赤水河运输，实行官运商销，重振贵州四大入口盐岸，光绪四年（公元 1878 年）夏，赤水河总办运盐的唐炯，提出治理赤水河，得到川督丁宝桢的支持，报请朝廷允准，由有关员司及盐号作出部署，于次年（公元 1879 年）初正式开工，补用知府罗亨奎、县令鲁堃、巡检罗应琦、训导张书林等参与组织领导，招雇附近工匠和农民，实行以工代赈办法修河，历时三年，采取"就地分修""水路并作"的办法，耗用白银两万余两，对上游茅台至下游合江段的 33 处重点险滩、一般险滩 40 余处，零星沙渍多处进行了重点整治。竣工后，仁岸分局委员刘枢会同施工负责人、商号代表及熟悉航运的船户，在吴公岩举行通船典礼，用尽人力将仅载盐数包的三只木船拖过吴公岩滩。此滩因部分乱石炸后，滩坎更陡，水流湍急，航行愈险，以后尚不能直接通航。茅台以上至天鼓崖虽未整治，但仍有小型的盐船航运。

民国年间，赤水河仍是川盐入黔的主要运道，进口除盐外，还有杂货、夏布、土布、砂糖、烟草等，销售于赤水河上下游沿岸及附近村落。输出竹、木、五倍子、牛皮、生漆、酒等物，以牛皮、生漆等大宗为盐船的回程货。由四川每年运入的糖价值3万元以上，土布大部来自合川、江津，年额约2万疋。仁怀的茶饼和珠兰香茶年产10万余斤，行销重庆、泸州等地。赤水一带盛产楠竹、斑竹，沿河居民长于制作竹器，产品也是出口的重要货种。仁怀、习水、古蔺、叙永、毕节的木材东浮四川，每年价值上百万元。此外，纸、生漆的输出量也不少。

赤水河运盐量大，但河滩变化频繁，影响航运，盐务部门、盐商及盐船船民对河道维修比较重视，河工局管理人员由赤水县委派，岁修由仁岸盐商经办，范围包括上下游全境，1912年至1915年，由仁岸永裕隆等四盐号直接负责。后由盐帮公所负责。1931年赤水县政府向省报称："自前清设立河工局疏浚河流，一切悉归该局负责办理，民国以来仍旧……河流无不通舟楫之患。"1936年赤水县上报盐船共208艘。

1939年，日本帝国主义侵华战争不断扩大，当时还是"大后方"的贵州省，已有不少外地机构和人民迁移进来，由于人员陡增，食盐的需要量大大增加，贵州盐务处提请拨款整治赤水河航道，以改善川盐的运输条件。具体整治工程由迁来西南的"导淮委员会"副委员长沈百先负责。他们于1941年底组成"赤水河水道工程局"着手施工。工程进行了三年半的时间，直到1945年秋季抗日战争胜利，导淮委员会离开西南地区，工程才告一段落。总共在茅台以下100多公里的河段上，对十几个浅滩、险滩作了不同程度的治理。抗战胜利后，川黔公路成为川盐入黔的主要运道，从仁岸输入的食盐逐年减少，两百多年来的繁忙盐运，逐渐萧条。

中华人民共和国成立后，1952年冬，贵州省交通厅派员查勘茅台至合江段航道。当时赤水河有木船450艘。1953年8月贵州省交通厅在茅台设立第五工程组。1954年7月开凿马桑坪至二郎滩新航道，从仁怀、赤水、古蔺选调民工200余名参与修河，至1955年2月底，开凿工程全部结束，打通了历代治河者无法修通的吴公崖18里天险长滩。1955年七月在赤水县设立赤水河道工程队，对全河航道进行常年整治和养护。

1956年赤水河木帆船运输合作社成立，赤水有前进社、黔锋社、黔崇社、光明社；土城有胜利社；茅台有运输一社、二社、三社、四社、五社。1956年三月贵州省交通厅首次对赤水进行航道普查，从云南镇雄县鱼洞乡发源地至四川合江县止，全长392公里，通航河段345公里，仅47公里不通航。主要航道枯水期，最浅航深0.4米，最窄航宽10米。赤水河承担毕节、金沙、遵义、仁怀、习水等县的公粮、生猪及日用商品运输，距通航河段较近的县，人工或车辆集运到附近码头装载。1958年赤水河第二航道工程队因下游整治任务已告段落，转移上游里千岩至马蹄滩段测量施工，改善大螺滩、女儿溪等10处险滩，新辟木帆船道21公里，于11月竣工，通航2.5吨木船。至此，上游马蹄滩至下游合江段航道共357公里。1956年5月，贵州遵义、四川泸州两专区订立运输协议，川境叙永、古蔺粮食经赤水河运输,由贵州船舶承运,合江航管站调木帆船 40 艘运力 1200 吨支援。为减轻木帆船拉纤的劳动强度,1960 年在赤水河干流上下游共设木质绞关 129 座,水力绞关船 3 只,安装船头绞关的船共 52 艘。1962 年赤水河上下游木船运输社共有木船 337 艘。1964 年贵州省交通厅规定赤水河木船运输价格,每吨公里运价,马蹄滩至茅台,上水 0.22 元,下水 0.18 元;茅台至马桑坪上水 0.18 元,下水 0.14 元,马桑坪至二郎滩,上水 0.52 元,下水 0.33 元;二郎滩至赤水,上水 0.18 元,下水 0.11 元,赤水至合江,上水 0.12 元,下水 0.06 元。1979 年贵州省交通厅开展第二次全省航道普查和首次港口普查,赤水河航运起于仁怀县龙井乡白杨坪,止于赤水、合江交界的鲢鱼溪,通航船舶 8 至 80 吨,枯水期航道水深 0.3 至 0.7 米,宽度 4 至 15 米。港口从下游到上游有:赤水、切角、复兴、风溪、丙安、土城、岔角、茅台、中华。中华最大靠泊能力 15 吨。由此可见,白杨坪到上游马蹄滩已没有通航了。茅习公路、茅中公路修通后,中华至茅台、茅台至二郎滩便停止通航,仅有一些渡口的过渡船。

四、航运工具

江河航运工具,在黄帝、尧舜时就有共鼓、货狄二人制造船,《说文》云他俩"刳(挖)木为舟,剡(削)木为楫。"那时还未用木板做船,是用大木挖空做船。后来人们用绳索编竹渡水谓之筏,用绳索编木渡水谓之簰,从中得到启示,才用木板拼凑做成船。赤水河最早的航运工具应是竹筏或木簰(木排),这种简单的航运工具一直沿用至今。后来才产生了船,但最早的年代无法考证。汉唐蒙从巴符关进入赤水河时运载许多财宝,赏赐夜郎王,应该用船了。赤水河支流习水河上游三岔河的岩壁上,保存有蜀汉时期镌刻的舟船图形和文字,构图虽较稚拙,多伪笔衍体,但清晰可见,船体以两个隔板分为三舱,既可加强船体结构,又可分类存放物品或便于堵漏,船首尾两端高,利于防浪,构造比现在一些偏僻地方(如泸沽湖)的猪槽船较合理。画面为一渔舟,舟内伸出长竿,驱鸬鹚下水捕鱼,一鱼仓惶逃窜。刻记的时间是章武三年(公元 223 年),这种船可能是用来捕鱼的。但从石刻船只图像,可以看到早期赤水河航运工具船舶的一个概貌。明代周文焕《赤水赋》也记有鹚首、鸭头两种船。

清初,据《仁怀直隶厅志》介绍:"蜀船由合江载盐至城东之沙湾上岸,"主要行驶 20 吨左右的川江鳅船。大水季节还有"中元棒""舵龙子"船进入。陈熙晋《鳅船曲》序云:"鳅船每船载盐可九十包,乌篷画舻,坚固不如牯牛船。船虽水手六人,论单行船,每单或二十余船,或三十余船,上险滩必并众船水手牵挽始行,稍遇暴涨,舟子难之。"曲云:"猿猴以上饶险滩,鳅船结队行依单。蜀盐装不满二引,港窄载重愁峥嵘。土城里接二郎里,石如积铁船如纸。可怜未上黄泥滩,咫尺邮签难屈指。一缆赪尽千夫肩,雇直得钱能有几?水浅尚可过,水大将奈何。停桡坐食一月多,取盐准米事则那。"鳅船干舷较低,高水时需扎水停航。其《牯牛船谣》序云:"牯牛船每船水手十六人,载盐可一百八十包,蜀盐以五十包为一引，计三引余。其船朴而坚，自仁怀直隶厅城下至猿猴镇，载盐者皆此船也。"牯牛船，亦名梭耳船、艄船，此种船结构坚实，干舷较高，能经受急浪冲击。赤水至猿猴用大牯牛。再上二郎滩用小牯牛。故郑珍《牯牛船歌》云："猿猴滩西凶滩多，船非牯牛不敢过。"乾隆十一年（公元1746年），赤水河中上游航道开通后，但"路遥滩险，蜀中舟子不能至"，下游船舶对上中游航道亦不适应。仁怀县生界张淳沿河察看水势，设计制造了适应航行条件的盐船，名曰"鳅舡"。另有舵船者，分前中后尾4舱，舵用直木，船中构小台，高约五尺，司舵者居其上，底皆夹板，有大小之别，大者拖纤不用桅杆，其余相同，再小者曰老鹳飞，惟去船上之台，其余与小牯牛同。至乾隆十四（公元1749年）春，全河段已有船百余只，载量七八百吨，解决了中上游的运力问题。

1936年赤水河上下游共有船300余艘，其中中元棒62艘、黄瓜皮17艘、麻叶鳅17艘、五宝船和南河船各一艘、牯牛船110艘、茅村船100余艘。茅村船行驶在上游马蹄滩至马桑坪之间，牯牛船行驶在中游二郎滩至赤水段，其他船舶多行驶赤水以下。当时赤水造船业相当发达，仅赤水县城东一地就有50多户以造船为业。另外，1924年周西成驻赤水期间，曾引进柴油机小汽船一艘，名曰"之江号"，行驶赤水至重庆之间，运载军用物资，这是贵州水运第一艘机动船。

建国初期，赤水河上游至二郎滩行驶茅村船，该船形若木梭，前梢似"关刀"，又称关刀船，利用前梢后橹操纵，十分灵活，吴公岩未打通前，这种船可结队通过，载重2至12吨。二郎滩至赤水行驶改进后的牯牛船，改后橹为舵，旁设边梢助力。赤水以下主要行驶舵船，按船头型式及结构，分为中元棒、五板船、小河船、黄瓜皮、麻叶鳅等，分设尖子舱、走舱、桅舱、货舱等7个舱，载重20至80吨不等，船用酸枣木、樟木、楠木制造。上水使用风帆，下水桅杆即作前艄。舵船可出使川江，有的能达宜昌以下。

五、险滩浅滩

贵州的河流多属邻省河流的上游或源流，具有典型的山区河流性质，不仅河槽深切，落差大，坡降陡，而且以石滩多为其主要特征。按其成因有三类：第一类原生型石滩，由原生基石如石梁、石盘等形成，对河道或成为礁石，或成窄口，阻碍航行。它在史前已存在，十分稳固，不易发生变化。第二类是次生型石滩，即由山岩崩坠，山体滑坡，以及荒溪水涨冲出乱石，侵占河槽形成。第三类是冲积型石滩，即卵石和砾石，随水位的涨落变化，时断时续向下游运动，淤浅河道。赤水河上下游基本没有原生型石滩，故便于疏通。《仁怀直隶厅志》卷二云："自镇雄州至合江县，行一千一百四十里，舟行六百五十里。"即可知。

赤水河在清代，上游属大定府，下游属遵义府，故《仁怀直隶厅志》《续遵义府志》，对茅台以下至入江口的浅滩、险滩一一作了记录，但两书互有差异，今综合整理如下。

自茅台至新龙滩各滩：

大银滩、烧火滩、小银滩、新开滩、青冈滩、罗村滩、崖滩儿、偷狗滩、铁匠滩、罐子口滩、三盆滩、令牌石滩、大坝寺滩、小新滩、老头庄、小浩儿滩、泥湾滩、母猪滩、皂荚树滩、陶公滩、极险，长十里。

湾湾滩、鲤鱼滩、黄葛滩、三角滩、马蟥滩、黑蛮滩、大铜鼓滩、风丝渡、九子滩、马岩新滩、石楼夹峙、舟出入其中，最难行过。

小铜鼓滩、狗滩、笔架滩、大火镰滩、湾湾滩、小火濂、长滩、马尾滩，岸上为马尾岩，行路最险仄。

灯盏滩、豹子滩、新龙滩、一名兴隆滩、相接吴公崖、巨石横亘江心，不受斧凿，乾隆初，吴公思开此崖，未就，崖石崩颓，蔽塞川路，吴公忿恚死，因以名，今有吴公祠。

上长滩、中长滩、下长滩，自新龙滩至此仅三里余，怒涛喷薄，霆击雷震。其间并无停桡之所，碍难行舟。

殷胡子沱、大白济具、小白济具、文公上滩、文公下滩、黔岸石山壁立、蜀岸立有文公庙，巨石怒排，巷口窄狭，水大浪高难行，水小则岸上无纤路。

螺狮滩、台盘滩、虎跳石、磁湾洞、黄连大洪。

二郎滩，距新龙滩三十里，盐船于此滩起岸，贷人力运行至新龙滩上船。

白鱼口滩，大对甲、小对甲，盐房滩，一名盐井滩。响水洞、岔角滩，入仁怀厅界，滩上出煤炭，盐舟至此，空回俱载炭煤至猿市。

干沟滩、顺江铺滩、草著滩、锅圈子、花滚滩、鱼锦滩、鸡扒坎、棕荐滩，滩不甚大，春夏间，无风自吼，声震十余里，天必旱，否则，必坏船，最险。

寒石梁，极险。

游魂三滩，一曰游洪滩，一曰牛困滩。

甘滩子、刺梨滩、大熬钵、小熬钵、淋滩儿、立石滩，在河之右岸，山上有悬岩欲坠，视之若飞鸟著地欲飞状。

新开滩、烧火滩、十八滩、宝塞滩、鱼溪滩、瓦窑滩、皮匠滩、牵塘滩、皮匠滩、落妹脑滩、一曰仙姑滩，昔有官家眷至此舟覆，溺二女于此，因以名滩，极险。

簸箕滩、大箕滩、大瓮滩、小瓮滩、九溪口滩、膏梁滩、太平渡滩，蜀货由陆运至此而就船。

棕背滩、牛困滩、蛇皮滩、洗脚滩、黄皮滩、瓢儿滩、岩滩、铁匠滩、土地滩、雁滩，极险。

虎脑滩、黄泥滩乱石堆积，迅流如箭，每船须百余人方能牵挽以上，舟子必俟齐二三十船始发，以便于人力，土城下第一滩也。落妹脑次之，雁滩又次之。

板桥滩、小新滩、大新滩、石灰滩、铁匠滩、烧火滩、小心滩。

又猿猴镇至仁怀厅城各滩：

猿猴滩，旧时舟不能上下，乾隆十年巡抚张广泗开修，盐船乃可达茅台，厅城牯牛船至猿猴滩止，易鳅船上二郎滩。

小猿猴滩、石梅滩滩陡,水急,凡商船至此,皆起载上滩。

小石煤滩、孔雀滩、上雷钵滩、下雷钵滩、金鼓子滩、斑鸠滩、牛背滩、小金驿滩、山牯庄、碓窝滩、鸡心滩、火燕子、半边滩、大五里滩、小五里滩、大螃蟹滩、葫芦脑滩怪石排流,盐船必出载上滩。

土地滩、压领滩、上横梁、阿蔺滩极险,盐船必出载上滩。

大横梁、小别滩、大别滩,滩甚险,俗云:"大水阿蔺小水别。"

挂钩子滩、扶木滩、弥陀滩、欢喜滩、荔枝滩、新开滩、小丙滩、笔滩、大丙滩,悬流数丈,港路一线,盐船至此,必出所载上滩。

狗嘶子,相传滩有石如狗,两岸人或夜闻水中吠声,数日间必覆舟。

红石子、云滩脑、仁怀碛、鲁班滩、白梭滩、鱼井花滩、姊妹滩、猪鼻滩、白鱼浩、观音滩、神箭子、石牛口、夹子口滩、柴滩、瓦窑滩、东门沱,蜀船至此,易牯牛船上猿猴滩。

又自仁怀厅城下合江入大江各滩:

老鸦滩、铃铃滩,下入合江县界。

二郎滩、和尚滩、湾滩、黑蛮滩、白甲滩、大王溪滩、丁滩、水碓滩、水杺、香炉滩,极险。

夺功滩、走马滩、白叶滩、自铃铃滩至此,130里入大江。

在以上诸多险滩行船时,船工和商人都是十分谨慎的,有首放船歌云:

石梅打鼓闹喧天,擂钵三滩在眼前。

鸡心滩上打筋斗,葫芦垴滩看本钱。

鸭岭三滩三疙癞,大别小别得留神。

撞过大丙和小丙,恭喜老板赚大本。

敬请太公不要夸,还有白梭鱼景花。

茅台村以上险滩、浅滩,因不属遵义府、仁怀厅辖地,故《府志》《厅志》均未记录,新编《仁怀县志》,也仅记录仁怀县龙井乡境内的滩名。今以《县志》、清代大定知府四十七的《赤虺河开滩记》,及新采访整理如下。

茅台以上各滩:

王家渡口、猪旺沱、下渡、中渡、上渡、太和号、金竹杠、大田坎、何家沱、推磨石、红石梁、黄桷沟、玉皇观、鸭滩、鱼窝、盐井滩,仁怀县城盐津河来汇。

小河、下纸厂、虎跳石、上纸厂、老妈牙齿、中坝滩、斯文滩、盘盘石、瓦厂滩,一名赵家坝。

草帘溪,古蔺县庙林有溪来汇。

猪儿滩、油盆口、石钱渡口、犁辕滩、乌龟石、二龙抢宝,亦名马湖营雷家坟。沱湾、小滩、渡口坡、大螺滩、打鱼崖、小螺、乌龟石,河中有石。

酸草湾、猪鼻孔、瓦窑嘴、沙湾、崖桑溪、马湖砌、犁辕滩、龙洞、老林岩、庄猪嘴嘴、河口，有仁怀五马河来汇。

沙湾滩、麻柳沱、大渡口、三层洞、老鸦石、大沟口、酸木叶、门坎滩、杨泗滩、扯水渡、野猫洞、滴水石、扁岩、黄桷沱、女儿溪，古蔺水口镇老江沟来汇。

河口滩、虎吼滩、古儿石、柑子坪、庙儿嘴、龙吟溪、古蔺石宝镇高家村土地坝有溪来汇。

黄牛儿、枇杷岭、犁辕滩，仁怀黎民镇笆竹沟来汇。

鄢家渡、岩头上、蚂蟥沟、打儿洞、牯牛滩、田坝、洋江河、母狗滩、断江河、象鼻子、菜板坝滩，有古蔺金星菜板河来汇。

雷打石、黑鱼洞、长沙坝、背跟前、柏杨坪、窄脚匾、新渡、茅草坪、小罗滩、饭粑洞、纳坡渡、倒挂刺、牛背石、新滩、母猪滩（大滩）、老蛙石、水爬岩、酸草湾、挂鱼滩、老渡口、渔塘河、核桃树、耍霸滩、灯厂滩、里千岩、鱼背上、烧火滩、石灰窑、巴灰洞、碓窝滩、何家口子、下湾滩、上湾滩、猫猫石、上湾滩、庙儿滩、河中大石。

牛困塘、钻山塘、指扁岩、板板石、铁匠滩、左相右、老虎滩、铁匠滩、鸡心滩、老蛙田、田坎寨、猪圈门、红石梁、滚滩、捡得累、枣子林、梭衣滩、黑竹林、白沙河、马蹄滩、黄家滩、巴蕉林、箆麻田、沙滩、徐家滩、对夹石、磨子塘、大水亮、头道河、二道河、下瓦窑、上瓦窑、老虎滩、长滩、新亮滩、张会滩、天鼓崖，《直隶叙永厅志·山川》云："赤水东，山皆岩石，壁立千仞，河水迅流，水石相击，其声若鼓，俗又号轰雷。"

《飑赤水开滩记》云："自天鼓崖至白沙河六十余里，有张会、新亮、长滩、老虎滩等，水高石大，吊放艰难。毕节至老虎滩，无陆路可通。""白沙至鱼塘河，河身稍窄，红石梁、猪圈门、庙儿滩等，乱石堆积，水势陡险，船户轮流吊放。""自鱼塘河至新龙滩三百余里，河宽水平，舟行无碍。"

六、重要津渡

渡口横渡也是赤水河通航的主要部分，早在《华阳国志》里就已经记录赤水上游的硗津，现在属于上游北岸叙永县赤水镇，这里是古代军事路线和商贸要道。

从上游到下游，古蔺县境内主要渡口有 15 个。即磨子塘渡，位于纳盘乡墙院村境，亦名岔河口，至贵州省毕节之火马、马鞍山要渡，清光绪三十三年（公元 1907 年）建。初用木筏，1956 年后改渡木船。大河渡口，位于马蹄乡大河村境，至贵州省毕节之左泥、岩脚要渡。光绪四年（公元 1878 年）建，初址大寨，后迁大河口，木筏撑渡，民国八年至二十一年，遇洪期，船频翻。牛困塘渡，位于观鱼乡牛困塘村境，至贵州省金沙青枫、保安必经之渡，系木筏撑渡，1952 年改用木船。渔塘河渡，位于椒园乡纳坡村境，至贵州省金沙清池、石场要道，清咸丰九年（公元 1859 年）募资建。同治九年（公元 1870 年）饬令川黔义渡，树碑志。后有沙福生捐产供渡口资用。历渡工 18 代，易船 29 只。新渡，位于椒园乡高寨村境,至贵州省仁怀县岩寨、红山堡要渡。清咸丰八年(公元 1858 年)闫姓建。光绪十七年(公元 1891 年)黔绅铁匠坪陈焕章及陈王氏、陈彭氏捐产立义渡。民国二十三年洪险船翻,死 25 人。渡口易周姓,周复捐家产,立为公渡。柏杨坪渡,位于椒园乡水田村,至贵州省仁怀县龙井乡要道,清乾隆二十八年(公元 1763 年)建,历船工 11 代,易船 28 只。鄢家渡,一名仙家渡,位于高家乡佘坪村境,明末清初建,古代播州、黔西至僰道的商道渡口,清康熙五十九年(公元 1720 年)因私渡勒索商民,四川巡抚年羹尧批准改为公渡,命桐梓县典史崔行健前往监工置造新船。道光二十七年(公元 1847 年)因年久被渡夫占为己业,勒索行人,仁怀县黎民镇柯道辉遂往川属绅士中募化钱粮,新造船只,另招渡夫改为义渡。光绪年间乡绅陈焕章以钟姓绝产禀报县立案作渡夫口粮改为官渡。1935 年红军长征四渡赤水期间,萧锋率队曾于此 8 次渡河。该渡口为入黔仁怀县黎民镇、茅坝镇重要渡口。1988 年年底日渡 300 人。大渡口,位于古蔺水口镇望江村,清光绪初王再兴捐资建,九岭乡至茅台要路。后改立官渡,年配租谷 8 石,历船 29 代,易船 23 只。草帘溪渡,位于古蔺庙林乡天富村境,明末建,清光绪末,富翁刘凤翔捐产 8 石,供渡口用,后改立官渡,归地方团政,历船工 13 代,易船 25 只。小火连渡,位于古蔺土城镇五里村境,至贵州省仁怀县罐子口(今合马镇)要渡。民国 36 年建,置有地产资用。历渡工 5 人,易船 6 只。新隆滩渡,亦名龙洞渡,位于古蔺新华镇龙滩村,至黔省马桑坪、沙滩。清光绪初杨姓筹建,历渡工 3 代,易船 20 只。吴公岩渡,位于古蔺二郎乡与新华乡交界处,仁岸盐运咽喉,乾隆十二年(公元 1747 年)建。1956 年吴公岩河段通航后,渡口迁沙湾,称沙湾渡。历渡工 25 代,易船 37 只。二郎滩渡,位于古蔺县二郎镇场头,清同治三年(公元 1864 年)官建,置地产 48 石,供渡口资用,历船工 12 代,易船 26 只。岔角滩渡,昔称瓦翁滩渡,位于北岸岔角村岔角煤矿侧。清光绪五年渡工冯姓筹资建。鸡爬坎渡,位于古蔺县九龙镇沙庄村沙沟,清中叶渡工韩、王、蔡筹建。民国三年渡工吴先治迁渡鸡爬坎。历渡工 13 代,易船 16 只。九溪口渡,昔称下渡,位于九龙镇溪口村,清光绪四年设,历渡工 7 代,易船 17 只。

仁怀县境内二合镇有三岔河渡,元末明初怀德长官司安氏置,至民国改为公渡。二合树渡,清末二合监生张树本、庠生田荆等募置,民国时改为公渡。合马镇罗村渡,明末土旗主罗国选置,民国改为公渡。陶洪滩渡,明末土旗主罗国选置,民国改为公渡。

习水县境内有广厂、原滩子、太平渡、千江寺、瓢儿滩、塘房、范家嘴、断碑、麻柳滩、大白塘、两河口、五老滩、石嘴、浑溪口等渡口。

赤水市境内有堰滩、金蝉寺、沙沱、石梅滩、陛诏、碓窝滩、大金沙、关地上、燕溪子、小关子、鸭岭滩、欢喜滩、丙滩、狗狮子、风溪口、仁友溪、水合背、截角垭、观音阁、夹子口、县城北门、东门、庙沱、马村、鲢鱼溪渡口。

合江县境内渡口有白水溪、车辆、致公渡、黄桷湾、郑溪、先市、沙溪子、楚滩、实录、密溪子、醒觉溪、三江嘴等。

七、两岸邑聚

赤水河由于特殊的地理区位,是古代中原王朝统治者向南推进的必经之地,也是兵家必争之地,社会经济政治的发展,在上下游形成了一定数量村落、场镇和县治。

上游叙永县赤水镇,是东汉平夷县的治所,明朝置卫所,清代属永宁分县治所。按《水西制度》载:东汉桓、灵帝时,夷族首领在赤水河南岸毕节龙场营北境定居下来以后,建立宗庙,设立大摆则溪。蜀汉时在赤水河北岸古蔺东南境,设立达佐则溪。西晋初在赤水河南岸仁怀南部,设立茅坝则溪。西晋中期在赤水河北岸古蔺南境马蹄至石宝一带,设立果部则溪。东晋中期在赤水河北岸古蔺东部,设立隆文则溪。中唐时期在赤水河北岸叙永东南境,设立赤水则溪。唐末在赤水北岸叙永南境水潦、海坝一带,设海坝则溪。五代初在赤水南岸毕节一带,设立阿糯洛则溪。则溪是夷族部族统治区域内分设的基层单位,分派亲族任慕濯、慕魁,分别掌管钱粮兵马,其下又有祃衣、奕续,分别统领属地,任职者分给领地作俸禄,如不称职被撤职,领地亦撤销。明崇祯时永宁奢震授水潦长官司,镇守吼西及堡洞关各隘,给土知府印。

赤水河北岸的马蹄是一个古老的聚落,河滩巨石上有凹痕形似马蹄。1954年在马蹄出土铜鼓一面,鼓身铸有精美的花纹图案,有对称的两耳,重20公斤,经专家鉴定为汉末之物,现存重庆市博物馆。明代奢氏屯兵于此。赤水河运输物资在此集散。故陈熙晋有诗云:"茅台西望岭千盘,估客牵舟上水难。到底寻常行艓子,一篙直上马蹄滩。"南岸清池镇,元代水西土司置清水塘哨,明代属永宁土司领地,清属黔西州平定里三甲。明代开场,清初改建,街面扩大,是川盐运至金沙、黔西,以及贵州茶叶下四川的交通要道。现在存有石墁盐道、贡茶碑、万寿宫、禹王宫、节孝坊等古迹。鄢家渡南岸仁怀市的黎民镇,永宁奢氏建于明成化年间,至今存明嘉靖铁钟。它是播州、永宁、水西三大土司领地的交汇处,是历代兵事驻营重地。明代后期遵义军民府的指挥签事和贵州都司的永宁卫官等先后驻扎于此。南明时它是南方三十六个军事重镇之一,授予黎民镇总兵"蜀勋援剿北路左协总兵关防印。"茅台镇是古代濮人居住之地,由濮人筑台祭祀先人而来,1985年出土东汉铜鼓一面。在清代是黔西北商业重镇,称益商镇,以出产茅台酒闻名世界,1954年仁怀县政府迁驻茅台镇。赤水河东岸二合镇安村,是仁怀古老村落之一,元属怀德长官司,明为土目安氏所据,地跨赤水河两岸,地势平稳开阔,田坝多。为川黔交通重要通道,土目安氏兵营地,有安鎏为威远卫土总旗,设有千户衙署。合马镇罗村,跨赤水东西两岸,地势平坦,田野开阔,为古代交通枢纽,明时罗氏为播州一目,拥有土兵扼其险隘,明后期罗国显任威远卫土总旗。为赤水河舟楫云集靠岸停歇之处。沙滩乡马桑坪,清中叶是川盐运输的转送仓库,有集大成等盐号,依托盐业也酿酒。

赤水河西岸古蔺县的二郎滩,民房多集中于临河下街一段,民国年间有居民300多户,1500多人口,外地盐布商多于此设店,有惠川槽房、集义酒厂、裕华纺织厂和集大成盐号等。太平渡有顺河街、上街两条主街,另有中街和后街,中街"之"字形石梯 238 级连结上下街。有房屋 410 幢,建筑面积 55664 平方米,有船一年四季上行茅台,下驶长江。这是个十分繁荣的水陆码头。

赤水河东岸的土城镇,北宋大观三年(公元 1109 年)建滋州,管承流、仁怀二县。元代设古磁城千户所,明代设威远卫右所,《仁怀直隶厅志》记载:"土城有商户五百余家。"赤水市的元厚,清代及民国时期名猿猿场,为赤水河食盐运转码头和竹木集散地,商业繁荣。复兴镇北宋年间曾为仁怀县治所。民国时期已成为重要农贸集镇之一,市场繁荣,竹器加工业发达。场期为农历逢二、五、八日。留元坝自明万历二十九年起,先后为仁怀县、厅和赤水厅、县的治所,民国二十一年时曾分设西城镇、中城镇、修文镇、崇武镇。清代及民国时期为川盐入黔仁怀口岸首镇,盐业、竹木业为当时主要经济支柱,民国时期全城大小商号百余家,外地商贾常云集县城,商业兴旺,为毗邻地区物资集散中心。赤水河入长江口的合江县,西汉元鼎二年(公元前 115 年)即置符县,南宋嘉定年间(公元 1208—1224 年),县城有大东门、小东门、大南门、中南门、西门、北门,有居民 596 家。街道以坊命名,城区化为本县坊、忠孝坊、观政坊、孝感坊、昼锦坊。明清划为十坊,计有孝女坊、仁寿坊、敦义坊、锦江坊、孝感坊、承恩坊、通仙坊、昼锦坊、文昌坊、文明坊,清末改坊为街巷。

(作者系贵州省仁怀市政协文史委主任)

后 记

作为从小生活在赤水河边的我，对赤水河有着深厚的感情。是赤水河的涓涓清流养育了我厚重的身体，也孕育了我深爱这片土地的灵魂。

我不是史学家，没有对史学研究的深厚功底，但我想做的，就是把川、滇、黔的文史工作者们进行的单项研究、区域性研究、地方性研究进行有效整合，站在客观的立场如实地记录赤水河的多元文化，形成一部介绍赤水河流域多元文化的综合性书籍。尽管不一定全面，也不一定科学，但如果能够为后人提供历史的引子和线索，让后人对赤水河的研究能少走一些弯路，那我就心满意足了。

在本书的写作中，我本着"文化无边界"和"尊重史实"的原则，抓住历史文化、河流文化、红色文化、旅游文化、民俗文化、酒文化的重点，积极记录赤水河流域各地区的文化元素，从个人的视角尽力展现赤水河的形态美、生态美、风光美和人文美，让赤水河作为"生态河""美酒河""红色河""民族河"的形象得到全面展示，让世人更好地了解赤水河，认识赤水河，传扬赤水河。努力实现推动川、滇、黔地区的经济合作和文化合作的目标，有效实施赤水河流域历史文化的保护和开发利用的目地。

在对赤水河历史文化的研究中，我得到了赤水河流域各地方方面面的大力支持和帮助。应该说史学和科学都是在前人研究的基础上的提升和深化，我对赤水河流域的研究同样也如此，如果没有赤水河流域那么多文史专家和学者的研究成果，我也不可能有这部文集的形成；如果没有赤水河流域各市、县文体广电旅游局的大力帮助，我的研究也不可能完成；如果没有赤水河边各乡镇的配合，我的实地考察也难以开展；如果没有泸州市委宣传部、泸州市社科联、泸州市文化研究中心的立项，没有合江县委宣传部、合江文体广电旅游局积极支持，我这些资料也难以成书。在资料的收集过程中，赤水市、仁怀市、习水县文体广电旅游局给予高度重视，主动安排当地文史工作者协助提供当地历史文化资料，在此我表示真诚的感谢。

感谢泸州市文体广电局、泸州市文化研究中心等单位给予了积极的关心和帮助，为研究提供了条件。鞠丽、张季颛、胥兴贵、李宏、虞潜、任晓波、曾宏、吴代彬、郑盛文、赵永康、夏艳、李光华、赵刚、张发远、文明君、李贵平、臧东升、唐雪梅、何流波、韦小杰等同志也给予了我积极的支持和鼓励；习水的陈应洋，赤水市的曾强、韦玮、苏林富，

后 记

仁怀的向明富，古蔺的邓林在提供素材上给予了很大帮助；《酒城新报》的胡霞、金燕、魏敏，合江的何开明、肖大齐、吴鹏权、贾雨田、张彩秀、江丽梅、张波、何平、马跃、李迅也给予了我支持。在图片的提供上，郭可夫、康丽莎、毛汉东、曾强、万灵、李贵平、张采秀、龙舟富、涂电林、袁永贵、李刚、周山荣、徐光银、何莉、康宁、胡基权、张同海、王茂祥、张多思、李骁、陈果、刘伟无私奉献，将自己拍摄的美丽照片提供给我，为这部书的形成做出了努力。赤水河流域的许多乡镇文史爱好者，在我考察的过程中也给予我大力支持和帮助，这些友好人士的无私奉献，是我素材收集的基础和我完成这本书的动力。在此，向所有对赤水河流域历史文化研究给予关心、支持和帮助的单位和个人表示衷心的感谢。还要感谢詹永祥先生付出心血，为全书作了审读和校正。

在本书的写作过程中，由于本人知识浅薄，赤水河流域历史文化研究不够深入，形成的所有文章带有个人的偏见，文字表达定有许多不尽人意之处，敬请读者指正批评。

龙启权

二〇一八年四月